AF463240

DU
CATHOLICISME
ET DE LA
RÉPUBLIQUE EN FRANCE,

PAR

M. L'ABBÉ DE L'ÉTANG,
CLERGÉ DE LA PAROISSE SAINT-LAURENT.

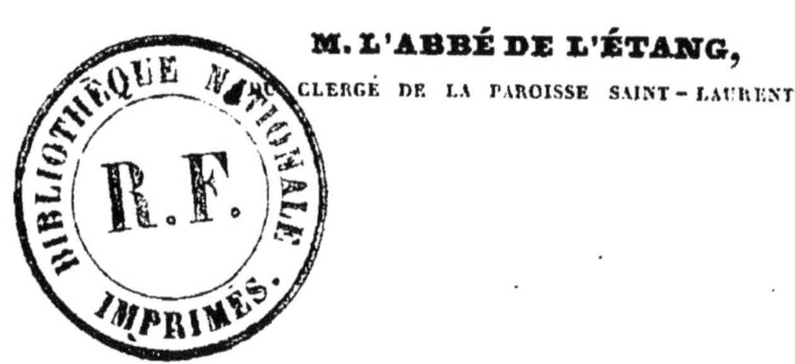

AVRIL 1848.

PARIS.
LIBRAIRIE D'ADRIEN LE CLERE ET Cie,
RUE CASSETTE, 29, PRÈS SAINT-SULPICE.

1848

AVERTISSEMENT.

Cet écrit n'est inspiré ni par une pensée d'opposition, ni par un sentiment d'hostilité ; nous ne pouvons éprouver ni sympathie ni haine pour un Pouvoir encore inconnu (1). Ce qu'après Dieu nous aimons plus que nous ne saurions l'exprimer, c'est la Patrie. C'est elle que nous voulons servir dans la mesure de nos forces, et nous l'aurons servie si, en montrant que le Catholicisme n'est antipathique à aucune forme de Gouvernement, nous avons convaincu la France que le Catholicisme la suivra dans toutes ses transformations gouvernementales. Nous l'aurons servie, si nous pouvons convaincre le Pouvoir qu'il

(1) Nous savons que la forme de gouvernement présentée à l'acceptation de la nation, c'est la République, et nous ne la contestons pas ; le titre de cet écrit l'indique assez. Quand donc nous parlons d'un *Pouvoir encore inconnu*, nous entendons parler, non de l'Institution elle-même, mais du Pouvoir délégué, qui sera l'action de la République ; et ce Pouvoir évidemment n'existe point encore, puisque nous sommes régis par un Gouvernement provisoire.

n'a rien à redouter du Catholicisme, qu'il en doit au contraire tout attendre s'il ne trahit ni Dieu, ni la France; nous l'aurons servie enfin si, en rappelant à la France que le Catholicisme a présidé à nos destinées dans le passé, nous lui inspirons la ferme confiance qu'il contribuera dans l'avenir à la gloire et au bonheur de la Patrie.

DU
CATHOLICISME
ET DE LA
RÉPUBLIQUE EN FRANCE.

§ 1er.

LE CATHOLICISME N'EST OPPOSÉ A AUCUNE FORME DE GOUVERNEMENT.

On s'imagine assez communément que le Catholicisme est ennemi de toute transformation sociale, qu'il s'attache irrévocablement au passé, et on est disposé à le confondre avec ce qui tombe. Cette opinion pour être commune n'en est pas moins une grave erreur qui vient de ce qu'on s'est fait des notions fausses du Catholicisme et de son application sociale ; le Catholicisme n'est pas la religion des regrets, il est au contraire la religion de l'espérance.

Non le Catholicisme n'affectionne point en particulier certaines formes gouvernementales, et il est prêt à les accepter toutes, dès qu'elles seront revêtues des conditions et des caractères qui annoncent un Pouvoir régulièrement constitué; son nom même le dit assez, car son nom exprime ses destinées. Il est dans les destinées du Catholicisme de s'étendre à tous les siècles et à toutes les contrées, et si parfois les opinions humaines arrêtent son action dans quelque contrée ou entravent sa marche pour un temps, il attend avec confiance que les opinions s'effacent devant les principes, car l'avenir est à lui; ainsi fit-il aux jours de l'arianisme, ainsi fait-il de nos jours à l'égard des sectes dissidentes. Et tout démontre combien cette lenteur est sage; déjà les opinions anti-catholiques chancellent, les oppositions systématiques perdent de leur violence et de leur crédit, les haines s'apaisent, et le jour n'est peut-être pas éloigné où la tolérance, qui est un besoin impérieux de notre époque, fera place à l'unité, cet autre besoin qui n'est pas moins réel dans l'ordre religieux que dans l'ordre civil et politique. Ce besoin d'unité conduira infailliblement au Catholicisme, quand certains préjugés seront dissipés, quand certains obstacles auront disparu; et c'est alors que se réalisera magnifiquement cette fraternité proclamée dans l'Evangile avant qu'elle le fût au milieu des sociétés humaines, fraternité qui, en rendant tous les hommes enfants du Père commun *qui est dans les cieux*, fera de tous les citoyens les membres d'une même famille. Or, si le Catholicisme est appelé, et son nom l'indique, s'il est appelé à s'étendre dans l'univers du nord au midi, du couchant à l'aurore, s'il doit s'élancer au-delà des mers et porter aux plages les plus lointaines la lumière de l'Evangile; s'il doit s'adresser au sauvage nomade et à l'habitant des cités; à des tribus errantes ou à des peuples fixés sur le sol d'une patrie, n'est-il pas absurde de penser qu'il se préoccupera des formes sociales? il fera des chrétiens et rien de plus. Le Catholicisme d'ailleurs doit régir spirituellement et dans le même temps, et le peuple qui naît, et le peuple parvenu à sa maturité, et le peuple qui s'avance vers la décrépitude; comment donc pourrait-il affectionner une forme particulière de gouvernement qui pourrait ne point convenir à ces divers peuples? Faudra-t-il que des peuples qui vivent simultanément dans des conditions si différentes de sociabilité, se transforment tout à coup en devenant chrétiens, et adoptent des institutions qui répugnent à leurs instincts et à leurs mœurs; est-ce par les commotions sociales que le Catholicisme préludera à l'ordre religieux, et déposera-t-il les germes de l'unité au sein du chaos? Non, et l'histoire est là pour l'attester, non jamais le Catholicisme ne l'a tenté, et il ne le tentera jamais. Eh bien, ce que le Catholicisme n'a point fait et ne ferait point à l'égard de peuples nouveaux auxquels il apparaîtrait, il ne le fera point à l'égard de peuples vieillis avec lesquels il a contracté une alliance que les siècles ont scellée et consacrée; là n'est point sa mission.

La mission du Catholicisme, en effet, c'est d'annoncer aux peuples la doctrine qui vient de Dieu et la morale qui découle de cette doctrine; sa mission, c'est de maintenir la doctrine dans son intégrité et la morale dans sa pureté primitive; c'est, en un mot, de continuer le Christ. Cette mission le Catholicisme la remplit avec une religieuse fidélité; on est maître, sans doute, de repousser les croyances, on n'est pas maître de les modifier à son gré, et sur ce point le Catholicisme est invariable et inflexible, car il s'agit ici des intérêts éternels de l'homme dont le Catholicisme est le dépositaire et le défenseur. Quant aux déductions sociales qui découlent des doctrines catholiques, le Catholicisme ne les impose pas dogmatiquement; mais il les insinue, les met en honneur, et le temps les développe; chaque peuple les fait ensuite passer dans ses institutions et dans ses mœurs, selon son degré d'intelligence et selon son amour pour la vérité : la source est ouverte, chaque peuple y peut puiser, non-seulement *l'eau qui jaillit jusqu'à la vie éternelle,* mais celle qui désaltère au milieu des aridités du désert. Le Catholicisme a révélé des doctrines qui ont des promesses pour la vie future et aussi pour la vie présente; il suggère ce qui peut rendre l'homme heureux ici-bas, il impose ce qui fait les élus; là s'arrête son action; il n'a pas la prétention de régler à son gré les institutions civiles et politiques. Les peuples, dans leurs intérêts temporels, peuvent donc suivre leurs goûts ou leurs antipathies; ils peuvent faire les tentatives les plus diverses et les plus contraires; ils peuvent les réitérer aussi souvent qu'il leur plaît, sans que le Catholicisme s'en offense. Il s'en réjouira même si ces tentatives tournent au bien public, et si les peuples deviennent plus heureux en devenant plus vertueux. Il demande seulement qu'au milieu des commotions inséparables de toute rénovation sociale, les éternels principes d'équité et de justice soient sauvés; il demande qu'au milieu des voix confuses qui s'élèvent, il puisse élever sa voix pour rappeler aux peuples et à ceux qui sont à la tête des peuples, que c'est Dieu qui donne la force dans le conseil et que toute sagesse véritable découle de cette source inépuisable et pure. Il demande ces conditions à tout gouvernement; il les demande dans l'intérêt commun et non pas dans l'intérêt de sa propre conservation.

C'est que le Catholicisme n'est point porté par les nécessités de son existence à s'attacher à telle ou telle forme gouvernementale. On confond trop aisément le Christianisme avec les religions qui ont précédé l'ère chrétienne, et cette erreur, que la philosophie du dernier siècle a accréditée, a répandu dans les esprits des préjugés qui ne sont point encore entièrement dissipés, et dont pourtant notre esprit droit doit enfin faire justice. De ce que les anciennes religions politico-religieuses tiraient leur force du Pouvoir politique, on a conclu que l'autel chrétien s'appuyait contre le trône, et on n'a pas voulu tenir compte des dissimilitudes frappantes qu'offrent entr'eux le Christianisme et le paganisme. Il suffit pourtant d'étudier sans passion leurs différentes origines pour comprendre combien leurs destinées doivent différer. Une institution se maintient, se conserve, se consolide par les moyens qui l'ont fondée; que le paganisme donc ait eu besoin de l'appui des gouvernements, on le conçoit sans peine; car si le paganisme était un composé de doctrines philosophiques et de fictions poétiques, il comptait aussi parmi ses éléments une sorte de théologie civile ou légale. Or, le culte qui était l'expression de cette religion civile ou légale, ayant été établi par le pouvoir, tirait naturellement sa force du Pouvoir et liait son existence à la sienne. Le Christianisme, au contraire, n'ayant eu pour s'établir ni l'appui, ni les sympathies du Pouvoir, se maintient également sans l'appui et sans les sympathies du Pouvoir; ses destinées sont conformes à son origine. Il ne demande qu'une chose, la liberté d'exercer son action publique, et tout gouvernement légalement établi qui lui permettra de faire des élus pour le ciel, et de former de vertueux citoyens pour la patrie, aura son concours et son assentiment. Il y a plus, si un Pouvoir aveugle et ennemi de lui-même lui refusait tout concours, le repoussait, lui vouait haine; alors, se renfermant en lui-même, le Catholicisme se soumettrait sans murmures; seulement sa mission, au sein de cette société impie, changerait, et au lieu d'envoyer ses fidèles prier paisiblement dans les temples, il enverrait ses martyrs mourir sur les échafauds. Ce serait alors précisément qu'il l'emporterait, et l'histoire est là pour l'attester. Pendant trois siècles, un despotisme sanguinaire immola les Chrétiens et s'applaudit; et il se trouva que le sang des Chrétiens avait ruiné les fondements du trône impérial, et que les martyrs avaient triomphé en périssant.

Si le Catholicisme n'a pas même un sentiment d'animadversion pour un pouvoir oppressif et cruel, n'annonce-t-il pas assez qu'il n'est point exclusif? C'est qu'en effet, il ne peut pas l'être; sa nature s'y refuse; le Catholicisme qui vient de Dieu, a été placé dans une région qui domine les hommes et les événements; il n'en peut descendre pour partager la fortune des hommes et suivre l'instabilité des événements. Le Catholicisme, c'est l'immuable pensée de Dieu manifestée au monde; il doit participer de l'immutabilité de la pensée divine; comment donc s'attacherait-il inséparablement à des institutions humaines, mobiles et changeantes de leur nature? De plus, le Catholicisme a des promesses de durée et d'immortalité, et ses dix-huit siècles d'existence en sont les arrhes précieuses; ces promesses, les pouvoirs humains ne les ont certainement pas; l'instabilité est leur caractère propre; ils sont fragiles et périssables, et pour nous en convaincre, nous n'avons ni à interroger l'histoire, ni même à recueillir nos souvenirs, il nous suffit de contempler le présent. Comment donc l'immuable s'attacherait-il inséparablement à ce qui passe? Les destinées du Catholicisme sont plus glorieuses; les Pouvoirs tombent, et le Catholicisme poursuit sa marche à travers les âges, rencontrant d'autres Pouvoirs auxquels il tend la main et s'associe en passant; et dans cette apparente mobilité de conseil, il obéit à un principe inflexible qui est au fond de sa doctrine.

Que prescrit la doctrine catholique? la soumission au Pouvoir. Ainsi dès qu'un Pouvoir est régulièrement constitué, quelle qu'en soit la forme, le Catholicisme s'y rattache, traduisant ainsi dans ses actes les oracles mêmes de son auteur (1). Quand J.C. ordonne de rendre à César ce qui est à César, le tribut et la soumission, il comprend évidemment tout pouvoir humain sous cette dénomination, car les Césars apparemment n'avaient pas reçu

(1) Marc, XII, 17. Rom., XIII.

promesse de perpétuité. Aussi le Catholicisme a-t-il ainsi entendu et interprété les paroles du Maître, et les Chrétiens ont d'abord obéi sans murmure aux Césars; puis dans la suite des temps et aux jours de sa splendeur, le Catholicisme s'est uni à tous les Pouvoirs politiques, quelle que fût leur nature; on l'a vu s'allier indifféremment aux gouvernements aristocratiques, oligarchiques, démocratiques; il s'est allié à la Monarchie aussi bien qu'à la République; à Venise et à Gènes, aussi bien qu'à l'Espagne ou à la France. Il n'a point tremblé devant les sceptres et n'a point fui devant les faisceaux.

Le Prêtre catholique, action vivante du Catholicisme, a, lui aussi, accepté toutes les formes gouvernementales, sans amour comme sans haine.

Cependant il doit compte de son passé, qu'on est assez disposé à incriminer; ainsi, par exemple, pourquoi s'est-il attaché, affectionné même à la monarchie en France ? Par une raison toute simple, c'est qu'il avait contribué à l'établir, et, loin que ce lui soit un titre de réprobation, c'est un de ses titres de gloire.

Il ne faut pas tout restreindre au présent, en le séparant de ce qui a précédé, sous peine de n'avoir que des idées incomplètes ou fausses; tout s'enchaîne en ce monde, et ce serait une singulière prétention que celle de murer le passé et de le regarder comme non avenu. Que nous soyons parvenus au faîte, nous ne le voulons pas contester; mais, si l'édifice social a son fronton, il a aussi sa base, et ce n'est pas nous qui l'avons posée; nous serions par conséquent mauvais juges pour apprécier les matériaux qui ont été employés. Le Clergé catholique, qui n'est pas d'hier, mais qui comptait déjà plusieurs siècles d'existence quand notre société n'existait point encore, dut naturellement mieux apprécier quels éléments étaient les plus favorables, et s'il a incliné pour l'élément monarchique, tout démontre la sagesse de ses conseils; un regard rapide sur nos origines suffira pour nous en convaincre.

L'Empire romain avait péri sous les coups des Barbares, et avec lui tout périssait; au milieu de cet effroyable bouleversement causé par les invasions, le Clergé catholique restait seul debout, quand l'anarchie régnait autour de lui, et il offrait le modèle d'un Gouvernement régulier, quand tout Gouvernement régulier avait disparu; le Clergé demeurait seul dépositaire des Principes sociaux. Or, les peuples ont un instinct sûr pour deviner d'où vient le salut; les Francs présentèrent au Temple leurs éléments grossiers, et le Clergé les façonna; les Gallo-Romains apportèrent leurs ruines, et le Clergé les répara. L'édifice social reparut, et il devait porter l'empreinte de la monarchie; car les éléments étaient et devaient être monarchiques; tout concourait à les faire employer, les souvenirs du passé, les nécessités du présent, les prévisions de l'avenir.

Les traditions inclinaient les esprits vers la forme monarchique, qui paraît avoir été la première dans la pensée des peuples (1). L'Orient, de qui nous tenons tout, redit des leçons monarchiques; là un nouveau trône s'élève toujours auprès d'un trône qui s'écroule; les puissantes monarchies des Assyriens, des Mèdes, des Perses, des Egyptiens se sont succédé, et dessinent encore leurs grandes ombres. Au moment où la Nation française se fondait, toute tradition des régimes démocratiques était en quelque sorte perdue; les Républiques de la Grèce vaincue avaient courbé leur fierté républicaine devant le despotisme impérial; Rome elle-même, après plusieurs siècles de gloire, mais aussi de commotions populaires, s'était venue abriter sous le sceptre d'un seul, et, même en périssant, n'avait pas cherché son salut dans les institutions démocratiques. Ce grand exemple dominait l'avenir, et semblait montrer dans la monarchie la dernière espérance des peuples. Les autres exemples qui entouraient ne permettaient pas même de songer à établir une société démocratique. Les peuples du nord, malgré la liberté de leurs mœurs, obéissaient à des rois, et, dans leurs invasions, ne songèrent

(1) Sall. Catill., chap. II. — Justin, liv. I, chap. I. — Domat: *Droit public*, liv. I, tit. I.

point à fonder des Républiques; ainsi les puissantes nations des Wisigoths et des Bourguignons, qui foulaient le sol des Gaules, étaient des monarchies. Loin de les démocratiser, il fallait au contraire fonder au milieu d'elles une monarchie puissante qui pût dans la suite les absorber toutes, et assurer ainsi l'avenir de la patrie. Ce fut ce qui arriva, et aujourd'hui nous unissons, dans notre unité française, les divers territoires qui appartinrent aux Bourguignons, aux Wisigoths et à d'autres nations secondaires. Le régime démocratique n'eût certainement point obtenu cet immense résultat, et la liberté prématurée eût aisément succombé sous les coups de la force matérielle. Il fallait qu'un sceptre s'élevât au-dessus des autres sceptres pour les dominer.

Les mœurs des Gallo-Romains et des Francs s'unissaient d'ailleurs en faveur du Principe monarchique. Les Gallo-Romains, avant que d'obéir aux Césars, avaient obéi à des Rois (1). Les Francs avaient adopté la forme monarchique avant leur conversion au Christianisme, et ils comptaient déjà plusieurs rois depuis leur passage du Rhin; ils avaient manifesté leur attachement à la royauté en plus d'une circonstance. C'est ainsi que, malgré les torts de Childéric, ils avaient pardonné au monarque en faveur du

(1) Cæsar: de Bell. Gall. *passim*.

principe monarchique (1). Le Clergé, trouvant parmi les Francs et les Gallo-Romains le Principe monarchique ne dut pas songer à le détruire, mais à le développer afin d'en former un élément social. Cet élément d'ailleurs empruntait une valeur nouvelle de la situation dans laquelle les Gallo-Romains et les Francs se trouvaient relativement placés. Les Gallo-Romains et les Francs se regardaient encore d'un œil ennemi; il y avait encore des vainqueurs et des vaincus. Le principe démocratique, en fomentant les troubles, eût perpétué les haines et les malheurs. Le principe monarchique, en réunissant les deux peuples sous un même sceptre, les préparait à obéir aux mêmes institutions.

C'est qu'un peuple nouveau a besoin d'être plié au joug des lois ; il a besoin que des mains habiles et sûres assurent son existence à travers les âges. Un peuple nouveau ne jouit guère de la sécurité nécessaire au développement de ses institutions; si, comme les Francs, il n'est point indigène, il lui faut redouter les ennemis que lui suscite son génie conquérant; s'il a subi une domination étrangère, comme les Gallo-Romains, les incertitudes l'accompagent dans la transformation de ses institutions; sa servitude l'humiliait, sa liberté l'embarrasse; le sceptre devant lequel

(1) Greg. Tur. *Hist.* liv. II, chap. 12. — Daniel : *Hist. de Fr., préface.* — Mably : *Parall. des Rom. et des Franç.* t. I, p. 6.

il se courbait pèse à sa main. Un peuple nouveau, quel qu'il soit, éprouve d'ailleurs une soif d'indépendance incompatible avec l'idée de société qui emporte la renonciation à une partie des droits naturels pour conserver l'autre et pour acquérir les droits sociaux. Un peuple vieilli obéira peut-être à ses vieilles institutions : le temps les a consacrées, la tombe de ses pères les lui redit, et, en s'agenouillant devant leurs froides reliques, il s'agenouille devant les institutions qui les régirent; mais au commencement d'une ère gouvernementale, le passé est muet, le présent murmure et l'avenir est encore sans espérance. Un peuple nouveau, sans expérience et sans prévision, loin de contribuer au développement de ses institutions, étoufferait plutôt lui-même dans son germe une plante dont il ignore la vertu. Comme il est plus près de l'égalité primitive, il lui en coûte plus de se courber devant des institutions dont il ne soupçonne pas les avantages ; il ne saurait souffrir au-dessus de lui celui qui, hier encore, marchait son égal. Dans l'ivresse d'une victoire, son enthousiasme a pu élever sur le pavois le guerrier qui l'a fait vaincre; mais il faut plus que de l'enthousiasme pour accueillir des institutions sévères et permanentes. Il faut qu'une autorité imposante les établisse et contraigne de s'y soumettre; aussi la Monarchie est-elle la forme de gouvernement la plus favorable dans l'enfance des peuples. Les sociétés, à leur origine, comme l'homme en son jeune âge, ont également besoin de tuteur, et l'enfance des sociétés est longue.

Aussi pendant notre long passé aucun besoin d'innover dans les institutions fondamentales ne s'est-il fait sentir. Que si au seizième siècle le principe démocratique se glisse en France sous le masque de la réforme protestante (1); il n'était incontestablement l'expression d'aucun vœu unanime. Aussi, à défaut de sympathie au-dedans, réclame-t-il l'appui du dehors; les Allemands et les Suisses viennent en aide aux artisans de troubles, qui ourdissent des complots, attentent à la vie et à la propriété, allument la guerre civile, ébranlent la société jusqu'en ses fondements, et trahissent la patrie en livrant aux Anglais plusieurs de nos cités (2). Cette tentative des passions n'offrait aucun des caractères d'une rénovation sociale, aussi fut-elle repoussée tout à la fois par la Justice et par la Religion; les magistrats frappèrent les rebelles, le Clergé repoussa les hétérodoxes, et en se ralliant alors au Principe monarchique, il servait tout ensemble la Religion et la patrie.

Cependant si le Clergé s'est rattaché au Prin-

(1) Il y avait plus de malcontentement que de huguenoterie. (*Journal de Brûlart.*)

(2) Volt., *Essai sur les mœurs*, t. III, pag. 407. — Legend., *Hist. de Fr.*, t. II, p. 694. — Dan. *Hist. de France.*

cipe monarchique, il ne faut pas oublier la sévérité des leçons qu'il a adressées aux monarques. Un ancien avait dit que si la vérité et la justice doivent être violées, c'est pour régner (1); le Prêtre, interprète des doctrines catholiques, apprend, au contraire, aux princes que la vérité et la justice sont les véritables appuis du trône (2). Pour prémunir les princes contre l'orgueil, il leur apprend que placés au-dessus des autres hommes, ils ne se doivent point séparer de la commune condition (3); et que, s'ils sont les arbitres des destinées des peuples, ils doivent tempérer la justice par la clémence (4). Ces leçons, le Prêtre catholique les a adressées à tous les princes, dans tous les temps, sous toutes les formes; et quand le deuil est venu attrister les demeures royales, il a su rendre la mort elle-même éloquente pour donner aux princes de sublimes enseignements (5).

Cependant la vie des princes appartient à tous, et dans les conseils qu'il leur a donnés, le Clergé s'est toujours vivement préoccupé des intérêts de tous. Notre société venait de naître, et déjà le Prêtre s'était posé en face du trône pour lui donner de salutaires avertissements. « Soyez accessible à tous, consolez l'affligé, soulagez la veuve

(1) *Vers d'Euripide.*

(2) Prov. XXV, 5. — XXIX, 14.

(3) Eccl. XXXII, 1.

(4) Sap. I, 1.—Prov. XXIX, 4. — *III*, Reg. III, 9.—Prov. XX, 28.

(5) Bossuet, *Oraison fun. de la reine d'Anglet.*

» et l'orphelin, apportez un soin scrupuleux dans » le choix de vos conseillers; là, est le salut des » peuples, » disait saint Rémi à Clovis (1). Plus tard un Pape illustre, saint Grégoire, inspire à Childebert la modération dans l'exercice du Pouvoir, et lui rappelle qu'un prince chrétien ne doit point renouer les traditions païennes du despotisme (2). Saint Ouen exhorte Dagobert à reporter toutes ses pensées sur la Gloire et le bonheur de ses peuples (3). Qu'on suive les siècles, et on trouvera le Clergé semblable à lui-même; dans aucun temps il n'a manqué à sa mission d'éclairer les princes sur les intérêts des peuples, non pas même aux jours des splendeurs de la Monarchie; plus d'une fois Bossuet et Bourdaloue ont fait rougir un grand Roi; et la disgrâce de Fénelon apprend aux peuples que le Prêtre n'a jamais hésité lorsqu'il s'est agi de les servir; les vérités sociales contenues dans *Télémaque* montrent assez que le Prêtre avait le sentiment du droit des peuples avant même qu'il pût le faire prévaloir.

Massillon adresse les plus sages conseils, qui, hélas, ne devaient point être suivis (4), au commencement d'un règne qui allait être marqué du sceau de la corruption et de l'im-

(1) Remigiis, Epist. secunda ad Chlodov. (C. Gall. 1, 175).
(2) Fragm. de Reg. franc. reb. piè gestis (D. 1, 532).
(3) Vita S. Audoëni.
(4) Petit Car.

piété, et à la fin de ce règne, l'Évêque de Senez, interprète des justices divines, vient semer les alarmes dans une cour voluptueuse, et fait entendre des accents prophétiques. Ainsi on retrouve le Clergé dans les derniers temps de la monarchie ce qu'il s'est montré tout d'abord, et sa conduite constante envers les rois ne lui laisse aucune solidarité de leurs fautes. Ces fautes, le Clergé a tout fait pour les prévenir, et quand il n'a pu les prévenir, il les a toujours condamnées. Les parlements avaient droit de remontrances; mais ils l'exerçaient dans les temps difficiles seulement, et, le plus souvent, contre certaines mesures fiscales. Le Clergé a exercé constamment et pendant des siècles le droit de remontrances sur toutes les hautes questions qui intéressent la morale et le bien public; il a annoncé la vérité aux princes avec une noble indépendance jusque là inconnue: parfois même, quand ils ont été sourds à sa voix, il a usé à leur égard d'une rigueur qu'on lui a reprochée en d'autre temps, et dont aujourd'hui on lui doit tenir compte; car il a fait au nom, et dans l'intérêt des peuples, ce que les peuples, trop faibles encore, ne pouvaient faire, et ce que depuis ils ont fait eux-mêmes. Heureux les princes s'ils eussent toujours écouté et suivi les conseils du Prêtre! leurs trônes affermis et environnés de l'amour de leurs sujets n'eussent point été si souvent ébranlés, et renversés, enfin, par les tempêtes populaires. Heureux les peuples qui se rappellent encore avec bonheur que sous les inspirations de la Religion ils ont vu Charlemagne publier ses sages Capitulaires, et Louis IX rendre à tous la justice sous le chêne séculaire de Vincennes ! Heureux les peuples si les rois, dociles aux conseils du Prêtre, se fussent toujours montrés affables et bons ! peut-être n'eussent-ils jamais secoué un joug qui ne leur eût point pesé, et ne se fussent-ils point livrés à des tentatives toujours périlleuses, alors même qu'elles paraissent légitimes.

Et maintenant que nous avons exposé avec quelle dignité le Clergé s'est posé devant la royauté, aurons-nous à le justifier de quelques faiblesses envers le Pouvoir? lui reprochera-t-on certains ménagements dans les formes ? nos mœurs les réclamaient ; il fallait instruire les princes et non pas les outrager. Quelquefois même le Clergé a pu partager l'admiration générale; ainsi nous-mêmes, et encore aujourd'hui, détournerons-nous nos regards avec dédain de la Vertu, de la vaillance, de la Gloire, parce qu'elles nous apparaissent dans notre histoire sous les traits de saint Louis, de Henri IV et de Louis XIV ? Grâces au ciel, nous ne sommes plus ombrageux à ce point, et nous acceptons ce qui est glorieux à la France, même d'un trône.

Le trône ne doit être désormais parmi nous que le symbole de nos anciennes destinées; voulons-nous demander à la tribune et au forum le secret de nos destinées futures? d'autres institutions doivent-elles nous régir? le Clergé catholique se rattachera à nos institutions nouvelles, comme il s'est uni aux institutions qui ont précédé. Il y a plus, s'il nous plaît de les modifier encore, il nous suivra dans nos diverses transformations. Nous ignorons quelles vicissitudes nous attendent; car Dieu tient dans ses mains les destinées des nations, et alors même qu'elles pensent ne suivre que leurs instincts, elles obéissent à la volonté suprême qui les conduit (1). Nous ignorons quelles dispositions se manifesteront à l'égard du Clergé catholique, mais ce que nous pouvons affirmer, c'est que le Clergé se montrera toujours ce qu'il a été : ami de l'ordre et des lois, dévoué à la patrie, et, sur ce point, son passé répond de son avenir.

(1) Gentes in terrâ dirigis. Ps.

§ 2.

AUCUN GOUVERNEMENT SAGE NE SAURAIT ÊTRE ANTIPATHIQUE, MOINS ENCORE HOSTILE AU CATHOLICISME.

D'après ce qui vient d'être dit, on comprend aisément que le Catholicisme n'étant opposé à aucune forme régulière de gouvernement, aucun gouvernement sage et régulièrement constitué ne saurait de son côté être antipathique, moins encore hostile au Catholicisme, puisqu'il n'en doit rien redouter aussi long-temps qu'il s'appuiera sur les éternels Principes.

Quelle est, en effet, la mission de tout gouvernement, quel but se doit-il proposer? D'unir les hommes, de les moraliser, et de les conduire au Bonheur par la Concorde et par la Vertu. Quelle mission le Catholicisme a-t-il reçue de son divin Auteur? La mission d'unir les hommes par les croyances (1), et de les préparer ainsi à s'unir dans les questions sociales. Le but du Catholicisme, c'est de moraliser les sociétés (2), et de leur faire trouver dans l'accomplissement des devoirs communs les éléments du Bonheur temporel, tout en les conduisant au Bonheur de l'autre vie, qu'il se propose comme dernier terme de ses doctrines civilisatrices. Le Catholicisme et tout gouvernement sage ayant une même mission et

(1) Rogo ut sint unum. Joan. XVII, 11.

(2) Gens sancta.

un même but, quoique agissant dans un cercle différent, l'un ne saurait être antipathique à l'autre.

Or, ce qui est vrai en théorie n'est pas moins vrai dans l'application à la situation présente de la France.

Un gouvernement purement démocratique doit-il définitivement s'établir en France ; pourquoi serait-il en désaccord avec le Catholicisme? Ce ne saurait être sur la question gouvernementale, car le gouvernement, s'il est sage, devra se proposer précisément ce que le Catholicisme s'est toujours proposé dans son action sociale. Ce ne saurait être non plus sur la question de Principes, car si le Catholicisme offre les Théories du Pouvoir d'un seul, ses doctrines renferment aussi les éléments d'une démocratie pacifique et modérée. On s'est étonné parfois de trouver dans l'Evangile des Principes qui ne paraissent point concorder : ainsi d'une part, Principe d'entière soumission au Pouvoir le plus absolu (1), et de l'autre, Principe de souveraine indépendance du Pouvoir (2); indépendance qu'il ne faut pas renfermer seulement dans les questions de doctrine qui sont de leur nature hors des atteintes des hommes quels qu'ils soient ; mais qu'il faut entendre aussi

(1) Marc, XII, 17. — Rom. XIII, 1 et seq.

(2) Omnia mihi licent, sed ego sub nullius redigar potestate. I Conc. VI, 12. — Nemini quidquam debeatis, nisi ut diligatis invicem. Rom. XIII, 8. — Marc, IX, 34. — Luc, XXII, 25.

dans un sens plus large, du choix des institutions humaines, car la Parole divine ne souffre point de restriction. Ce qui nous paraît confusion est harmonie dans la pensée éternelle qui embrasse la succession des temps, et cette apparente discordance est une preuve nouvelle de la suprême Sagesse qui a inspiré l'Evangile. L'Evangile renferme les Théories qui doivent successivement présider aux destinées des peuples ; est-il surprenant qu'il ait présenté tout d'abord et dans leur ensemble les divers Principes que pourront réclamer les diverses situations des peuples dans le cours des âges ?

Est-il vrai que nous soyons arrivés à une de ces époques où le salut de tous, cette loi suprême, dépende du concours de tous? est-il vrai que le Principe démocratique doive s'élever parmi nous comme le symbole de notre avenir? Pourquoi serait-il antipathique au Catholicisme qui, lié à nos antiques destinées, est appelé par Dieu même à préparer nos destinées futures? Le Pouvoir politique et social qui va naître en France, trouvera auprès de son berceau le Catholicisme qui, il y a quatorze cents ans, est déjà venu s'asseoir auprès du berceau de la nation des Francs, nos ancêtres; le Pouvoir nouveau, en sortant des langes populaires, se trouvera en face du Catholicisme, reflet de la Pensée divine, ses premiers regards contempleront ce grand Principe religieux majestueusement assis sur les siècles, et rendu plus vénérable par le culte des souvenirs. En prendra-t-il ombrage? Nous ne savons, mais nous ne pourrions assigner d'autres causes à ses défiances, que la disposition du Pouvoir à partager les préjugés qu'on s'est efforcé de répandre contre le Catholicisme; ou, faut-il le dire, des mauvais instincts du Pouvoir.

Que n'a-t-on pas dit contre le Catholicisme? Il s'est trouvé des hommes qui, dans l'impuissance d'anéantir le Catholicisme, ont conçu le dessein de le dénaturer dans la pensée des peuples. Feignant de confondre la Religion avec la superstition qui en est l'expression fausse et dégradée (1), on les a vu rattacher à l'essence de la Religion ce qui n'en est que l'abus, rejeter sur la Religion des travers qu'elle condamne, la travestir sous des lambeaux empruntés à la crédulité ou à l'ignorance; on les a vu émettre comme incontestables des accusations sans fondement comme sans preuves, reproduire des objections mille fois réfutées, entasser les calomnies jusqu'aux plus contradictoires; et ces esprits, si fiers de leur logique, seraient les plus inconséquents des hommes s'ils n'en étaient les plus pervers, car ils savent le peu de valeur de leurs assertions. Tel qui répand les préjugés n'y croit pas lui-même; il les donne en pâture aux esprits cré-

(1) Volt., passim.

dules; peu lui importe de manier l'arme de la déloyauté, pourvu qu'elle porte coup ; il veut atteindre le Catholicisme, précisément parce qu'il est le Catholicisme. C'est que, selon l'expression concise de Tertullien, on combat seulement le nom : *Nominis prælium est* (1). Aussi voit-on ces hommes de la contradiction admirer partout ailleurs ce qu'ils blâment dans la Religion; estimer comme une vertu sociale ce qu'ils raillent comme un ridicule religieux; se conduire, quand ils ont quelque droiture, d'après les Principes de la Religion, tout en ébranlant ces Principes; condamner dans le commerce de la vie ce qu'ils trouvent étrange que la Religion condamne. On dirait que ce qui est équité et raison partout ailleurs, devient pur préjugé quand c'est la Religion qui l'inspire; on dirait que se soumettre à la Religion, c'est se rendre esclave des préjugés.

C'est qu'en effet, on a présenté la Religion elle-même comme un préjugé enfanté dans la nuit des temps, et qu'il y faut replonger. La Religion, d'après ces données, ne serait plus un besoin du cœur, mais seulement une faiblesse de l'esprit; un préjugé puéril dont il se faut dépouiller pour faire preuve de force d'ame et pour recouvrer sa dignité d'homme.

Et afin de rendre à l'homme sa dignité, les fiers restaurateurs de la raison humaine ont prétendu

(1) Tertul., apol.

tout passer sous le niveau de la raison, tout, jusqu'à Dieu même; ils ont déclaré contraire à la raison ce qui surpasse la raison, et ils ont ainsi donné naissance aux préjugés rationalistes. Or, la raison humaine a ses divers degrés; elle a ses développements successifs, ses progrès. Aussi les contradicteurs, ne pouvant ou ne voulant comprendre que le Catholicisme ait reçu tout d'abord son complément dogmatique et moral, ont-ils prétendu qu'il devait suivre les fluctuations de la raison humaine; ils ont prétendu que la Religion ne pouvait rester stationnaire en présence du progrès de la raison, et ils ont ainsi fait naître le préjugé d'une Religion progressive. Et pour mettre en relief cette Religion nouvelle, ils ont épaissi le voile des préjugés sur la Religion antique; son antiquité même est devenue un préjugé contre elle; dans l'intérêt d'un système, ils ont enveloppé le passé dans leur mépris; ils ont déprécié l'intelligence de nos pères; ils ont avancé que la Religion appropriée à leur faiblesse et suffisante pour leur temps, n'était plus en harmonie avec les lumières du nôtre. Etrange contradiction dans l'homme! Le culte du passé vit dans son cœur, le dédain du passé domine son esprit; le sentiment le reporte avec amour vers les âges anciens, mais les pensées superbes dessèchent le sentiment. L'homme d'aujourd'hui se croit plus grand que l'homme d'hier, apparemment parce qu'il compte quelques ruines de plus.

Or, le Pouvoir qui va surgir du milieu de nos ruines partagera-t-il des préjugés vulgaires que la mauvaise foi s'est plu à répandre? Il méconnaîtrait tout d'abord les conditions de sa propre existence; car, sans nul doute, il se posera comme expression du progrès. Eh bien! en suivant sa pensée, à qui est dû ce progrès dont nous sommes si fiers, sinon à cette Religion qu'on dit stationnaire et ennemie du progrès, au Catholicisme? Allez demander au Mahométisme les éléments d'une transformation sociale, et le musulman, courbé sous le poids du fatalisme, ne vous prêtera qu'une oreille distraite, et se rendormira nonchalamment dans son passé. Le progrès en toutes choses est au fond des doctrines catholiques; c'est aux siècles à l'en faire sortir. On rejette souvent sur le Catholicisme ce qui est le tort des sociétés; c'est à elles de puiser aux sources pures de l'Evangile selon leur intelligence et leur soif de la vérité. Le Catholicisme qui a tracé les voies de la véritable civilisation ne fermera pas ces voies; c'est lui, au contraire, qui a guidé les peuples dans leur marche, la réglant, sans jamais l'arrêter. Non, le Catholicisme n'est point ennemi d'un sage progrès. Sil est immuable dans ses dogmes religieux, il se prête merveilleusement aux transformations sociales des peuples, et ce serait une erreur de penser qu'il est des époques où les nations doivent rompre avec lui pour se grandir. Qu'on présente au Catholicisme des éléments nouveaux à féconder, et il fera pour l'avenir ce qu'il a fait pour le passé.

Comment donc le Pouvoir nouveau s'étonnerait-il de trouver au sein de la société le vieux Catholicisme? Ignorerait-il que la vie morale des peuples, comme la vie matérielle de l'homme, se conserve dans l'enfance et dans la vieillesse par le même Principe, ou s'imaginerait-il par hasard que c'est de ce jour seulement que la nation française commence de vivre? Qu'on prétende lui donner une vie plus forte et plus complète, une aspiration plus libre, soit; mais le Principe de vie est antérieur au développement de ce Principe; et si le Catholicisme n'avait donné et conservé la vie morale et intellectuelle de la société, vous n'auriez aujourd'hui qu'un cadavre, et ce n'est pas vous qui animeriez le cadavre. Aurait-on déjà oublié qu'au milieu des vicissitudes sans nombre qui ont marqué notre existence de peuple à travers les âges, c'est le Catholicisme qui a soutenu notre société dans ses fortunes diverses? Tantôt, génie tutélaire, il a étendu sur la France ses ailes protectrices; tantôt, phare lumineux, il s'est élevé au milieu des siècles d'ignorance; toujours le Catholicisme a présidé à nos destinées sociales, et ce fut à l'ombre de ses salutaires influences que nos institutions se développèrent et grandirent. Ne blasphémez donc point; c'est le Catholicisme qui a affermi le sol sur lequel vous essayez vos premiers pas.

Inaccessible aux préjugés vulgaires, le Pouvoir en aura-t-il qui lui soient propres? Un Pouvoir nouveau est parfois ombrageux; comme il n'a point encore de racines dans le passé, tout l'inquiète, et on aura soin d'ailleurs d'éveiller ses inquiétudes; dans l'intérêt de sa sûreté, on rappellera des temps dont on ne se soucie plus guère; le zèle suscitera des épouvantails, évoquera des fantômes; on sèmera les alarmes. Prenez garde, dira-t-on, le Catholicisme a d'étranges Théories sur la souveraineté; selon lui, la souveraineté et le Pouvoir qui en émane, n'ont point leur origine sur la terre, mais au ciel; en un mot, il a proclamé les Théories du droit divin (1). Eh! mais, sans doute, le Catholicisme reconnaît l'intervention divine dans ce qui constitue les pouvoirs humains, car le Catholicisme qui vient de Dieu n'est point apparemment une doctrine d'athéisme; et nous verrons tout à l'heure que ne

(1) Déjà on rappelle que « la Restauration a répudié le Principe de la Souveraineté du peuple, en lui opposant le Principe » du Droit divin. » (*M. Ch. Pellarin, dans la Presse du 14 mars*). On voit qu'il n'est pas sans quelque importance de traiter cette question.

point admettre la doctrine du droit divin ou tout autre qui, sous des noms différents, exprime, quant au fond, la même doctrine, c'est tomber dans l'athéisme. Oui, le Catholicisme le proclame hautement, toute puissance vient de Dieu (1), car la liberté aussi vient de Dieu (2) : ces deux dons sont corrélatifs ; la puissance sans la liberté, c'est la tyrannie qui ne vient pas de Dieu, car la tyrannie est un mal ; la liberté sans la puissance qui modère et qui dirige, c'est l'anarchie qui ne vient pas non plus de Dieu, car l'anarchie est un mal et un mal certainement plus grand encore que le despotisme. Donc, puisque la liberté vient de Dieu, le Pouvoir qui, en défendant la liberté contre ses propres excès, en assure le triomphe, doit également venir de Dieu ; autrement il faudrait supposer que Dieu à livré le monde au deux plus effroyables fléaux : l'anarchie et le despotisme ; ou plutôt, il faudrait renoncer aux notions du Dieu chrétien, et réveiller les Théories de la philosophie païenne, qui enlevait à la divinité toute action sur les destinées humaines. Qu'on se rappelle le système d'Epicure : ses dieux ne sont-ils pas la personnification de l'impuissance et du

(1) Rom., XIII.

(2) Christus nos liberavit. Gall., IV, 31. — Ubi Spiritus Domini, ibi libertas. II Cor. III, 17. — In libertatem vocati estis. Gal. V, 13. — Creatura liberabitur à servitute in libertatem. Rom. VIII, 21. — Si manseritis in sermone meo, cognoscetis veritatem, et veritas liberabit vos. Joan. VIII, 32.

plus froid égoïsme? Enveloppés dans leur immortalité solitaire, ils se reposent au sein d'un repos sans gloire; placés au-dessus de la sphère des événements, ils les voient se succédant au hasard, sans en pouvoir régler le cours; insensibles aux hommages et aux insultes, indifférents pour le vice et pour la vertu, ils sont pour l'homme sans courroux comme sans amour, et leur main débile ne s'étend jamais pour le protéger ou pour le punir (1). Le Stoïcisme, de son côté, n'avait pas moins détruit l'action providentielle, en soumettant la divinité à l'inévitable empire du Destin (2). Or, quelles furent les conséquences sociales de ces fausses Théories, on ne le sait que trop; plus d'action providentielle, plus d'influence divine réglant les conditions du Pouvoir, et, par une conséquence nécessaire, plus de liberté; aussi quelle société!

Un Crime et un Malheur, érigés pour ainsi dire en Principe, désolaient cette ancienne société; à l'un des extrêmes, le Despotisme dressait sa tête hideuse et menaçante; à l'autre extrémité, la Servitude, dans l'attitude d'un morne désespoir, abaissait son front humilié, et la force matérielle

(1) Plutarch. *De placitis philosoph.* liv. I. — Lucret. *De Rer. Naturâ*, liv. I.

(2) Plutarch. *Contradict. philosoph. stoïcor.* liv. XXXVIII, XXXIX, XLIV. — Plutarch. *De placitis philosoph.* liv. I, chap. XXVII et XXVIII. — Encyclop. f° t. 4, p. 896.

comblait l'intervalle. La Force matérielle rattachait ainsi la Servitude aux pieds du Despotisme et maintenait une apparence d'ordre, en maintenant une sorte d'équilibre, équilibre souvent compromis. Quand la Force matérielle restait entre les mains du despote, elle broyait l'esclave; puis quand l'esclave parvenait à s'en emparer, elle broyait le despote; et ainsi chacun devenait tour à tour tyran ou victime.

Certes, de telles mœurs révoltent nos mœurs; mais à qui devons-nous d'avoir des notions si différentes de la sociabilité humaine? Précisément au Catholicisme, qui nous a donné de nouvelles notions sur la Divinité. Nous adorons une Providence qui veille sur les destinées de l'individu; comment donc la pourrions-nous supposer indifférente aux destinées des sociétés que le Pouvoir politique est appelé à diriger vers le bonheur commun? Aussi, dans les théories chrétiennes, est-ce Dieu qui établit le Pouvoir à la tête des peuples (1); et ainsi ce droit divin tant calomnié n'est autre chose que l'action de la Providence sur les sociétés; il n'est pas, on le voit, ce que pense l'ignorance et ce que la mauvaise foi feint de penser. Ce Principe n'est point contraire à la dignité

(1) *I* Reg. VIII, 22. — IX, 15. — X, 1. — XIII, 14. — Dan. V, 21. — Is. XXXIII, 22. — *I* Paralip. XXIX, 12. — Sap. VI, 4. — Rom. XIII, 1. — Joan. XIX, act. XIII, 21. — Con. Paris. liv. II, chap. V, anno 829. (c. 2-69).

du Pouvoir; seulement il l'entoure d'une plus grande majesté en lui érigeant un sanctuaire dans la conscience des peuples (1); il n'est pas non plus contraire à la liberté, car il n'exclut pas le choix libre de la nation; ainsi Saül, consacré en vertu du droit divin, est en même temps proclamé par le droit populaire (2). Ce Principe porte seulement les peuples à respecter davantage le Pouvoir, en leur montrant l'élu de Dieu dans celui-là même qu'ils ont élu.

Il y a plus, le Principe démocratique lui-même, quand il n'est pas athée, renferme aussi une sorte de droit divin collectif.

Quand le peuple élève sa grande voix et proclame bruyamment sa propre souveraineté, faudra-t-il ne voir dans ses énergiques transports que la démonstration d'une multitude en délire; faudra-t-il dire que ce sont les passions, l'inexpérience, l'ignorance, l'enthousiasme irréfléchi qui l'excitent et l'animent? Mais alors, c'est la force brutale qui s'élance pour tout ravager et tout détruire; ce n'est plus l'expression d'une société qui s'avance avec dignité vers un sage progrès; c'est la triste image d'une société encore dans l'enfance, ou les désolants symptômes d'une société qui va se dissoudre; ce n'est plus l'ordre et l'harmonie,

(1) Rom. XIII, 5. — Tit. III, 1. — Bossuet : *Disc. sur l'unité de l'Eglise*, 2e part.

(2) *I* Reg. X.

c'est le chaos. Oui, la souveraineté du peuple est tout cela et ne saurait être autre chose, ou bien il faut recourir à cette maxime consacrée : La voix du peuple, c'est la voix de Dieu : *Vox populi, vox Dei.* Et ainsi, sous un autre nom et avec d'autres formes, on revient à une sorte de droit divin qu'on n'a pas voulu prendre dans l'Evangile et qu'on emprunte au langage philosophique.

Les similitudes seront encore plus frappantes si on veut suivre le Principe démocratique dans ses dernières conséquences. La souveraineté du peuple étant admise, le peuple acclame, et l'acclamation faite, il se rassied en silence et ne peut plus agir que par la délégation qu'il vient de donner; il agissait hier en souverain, demain il serait un rebelle s'il ne se soumettait au Pouvoir qu'il vient de déléguer. Or, nous le demandons, ne se trouve-t-il pas exactement dans la situation où l'aurait placé le droit divin? Ce qui prouve que, droit divin ou non divin, il en faut revenir à dire que c'est Dieu qui mène le monde, et la doctrine catholique ne dit pas autre chose. Nous ne voyons donc pas quel ombrage elle pourrait inspirer à un Pouvoir quel qu'il fût, pourvu qu'il ne fût pas athée.

Cependant le Catholicisme n'aurait-il pas fait entrer l'élément religieux dans l'essence même du Pouvoir politique, afin de s'assurer la participation à ce Pouvoir, ou même afin de l'absorber tout entier par l'action de ses représentants? Eh bien, non, mille fois non, le droit divin n'est point le droit sacerdotal et n'y saurait conduire. Si la suprématie du Pouvoir spirituel est écrite dans la doctrine catholique, la suprématie du Pouvoir civil et politique l'est également (1). Les deux puissances s'exercent dans un cercle différent, sur des objets distincts, et chacune d'elles, renfermée dans ses justes limites, jouit de la plus complète indépendance à l'égard de l'autre; leur mutuelle subordination ne commence qu'en dehors de leurs attributions respectives, et si le Catholicisme réclame l'empire dans les matières purement spirituelles, il reconnaît l'empire du Pouvoir civil et politique dans les matières purement temporelles (2). Ces Principes furent posés tout d'abord sans restrictions comme sans ambiguité; notre société française n'existait point encore, et déjà, sous Valentinien, Optat de Milève avait déclaré, qu'en matière temporelle, l'Etat n'est point dans l'Eglise, mais que c'est au contraire l'Eglise qui est dans l'Etat (3). Notre société française était encore à son berceau, et déjà la Papauté proclamait que les deux Puissances doi-

(1) Joan. XXI, 15. — Hebr. XIII, 17. — Rom. XIII, 1. — I Petr. II, 13.

(2) Greg. Papæ, Epist. 75ª. (Duch. IV, pag. 209.) — Conc. Trosleianum, anno 909. (Lab. T. 9, col. 525.)

(3) Optat de Milève, lib. III, in-fol°, éd. de Dupin.

vent tour à tour commander et obéir (1). C'est pour avoir méconnu ce sage tempérament que se sont produits parfois des conflits, regrettables sans doute, mais qui n'altèrent pas la sagesse du Principe.

Et encore est-il vrai que les empiètements du Pouvoir spirituel, comme on les appelle, aient toujours été des actes répréhensibles, et pour ce qui concerne la France en particulier, ne faut-il pas tenir compte des temps et des circonstances? Remontons à notre origine. Notre Pouvoir politique, se souvenant qu'il avait trouvé dans les représentants du Pouvoir catholique un sénat tout formé (2), les appela dans ses conseils. Cependant il fallut parfois donner plus que des conseils : il fallut saisir les rênes flottant au hasard, ou tenues par des mains faibles ou inhabiles; devait-on assister froidement au naufrage quand on le pouvait prévenir? Le premier devoir était de sauver l'Etat, et plus d'une fois le Pouvoir spirituel l'a sauvé. Nos mœurs actuelles s'en étonnent, parce que l'éloignement des temps, et aussi les préjugés, ne nous permettent guère d'apprécier les diverses vicissitudes sociales et les heureuses influences que le Principe religieux exerçait alors sur nos destinées. Les sociétés sont ingrates comme les indivi-

(1) Gelasius Papa, Epist. 10ª ad Anastasium Imp. apud Conc. Trosleianum, anno 909. (Lab. T. 9, col. 525.)

(2) MABLY, *Parall. des Rom. et des Franç.* tom. I, pag. 5.

dus; l'homme, parvenu à l'âge mûr, ne se souvient plus de qui a guidé ses premiers pas; les sociétés, devenues fortes, ne songent plus guère d'où est venue leur force.

Aussi, quand notre société française fut devenue puissante, elle se prit à redouter le Principe qui l'avait aidée à grandir. Les Parlements, comme jaloux de cette sorte de droit d'aînesse qu'exerçait le Pouvoir spirituel, voulurent se faire pardonner leur jeunesse à force de zèle (1). Louis XIV, qui avait confisqué toutes les libertés de la Nation, voulut au moins lui en conserver l'image sous une forme religieuse; de là les libertés gallicanes, qui n'étaient qu'un système de défiance contre le Chef suprême de la Chrétienté. La raison publique fait aujourd'hui justice de ces injustes défiances, qui n'ont en effet plus de prétextes. Plus donc de vain épouvantail d'ultramontanisme; les Alpes se sont abaissées, et la majesté de la Papauté, tempérée par une indicible bonté, nous est apparue sous les traits de Pie IX. Pie IX, libérateur de son peuple, en veut être le soutien, et, s'il était me-

(1) Le même mot exprime souvent des choses très-différentes, et on sait assez que les Parlements, tels que nous les concevons, n'ont rien de commun avec les Assemblées de la Nation, au sein desquelles le Principe catholique avait ses Représentants. Les Parlements ne devinrent Assemblées de Jurisconsultes que sous Charles VI. (VOLT. *Hist. du Parl. de Paris,* ch. V.) Ils sont donc très-récents, relativement au Principe religieux, qui est venu se placer auprès du berceau de notre monarchie.

nacé, il saurait le défendre. Loin donc de menacer la liberté, Pie IX entraîne le monde, à sa suite, à la conquête de la liberté; il veut que la liberté soit catholique comme la Religion, et, en la prenant sous ses auspices sacrés, il semble présager que la Religion et la Liberté s'uniront par d'indissolubles liens pour le bonheur de l'humanité. Pie IX ne saurait être aujourd'hui un *étranger* pour personne, et notre admiration doit effacer le stygmate contre la Papauté, qu'un Despotisme soupçonneux a imprimé dans nos Codes (1). Entretenir des rapports avec Rome ne saurait plus être suspect, et l'Épiscopat dans ses communications avec la Papauté ne pourrait chercher qu'un plus grand développement de cet amour pour l'humanité qui l'anime déjà, et qui offre des garanties si sûres à la Nation et au Pouvoir. Rien donc du côté du Catholicisme n'expliquerait les antipathies du Pouvoir qui doit régir la France.

Les trouverait-il en lui-même, céderait-il à de mauvais instincts? On peut poser cette question; car le Pouvoir n'est pas né, et le fût-il, s'annonçât-il d'abord avec des intentions bienveillantes, ne sait-on pas que l'homme dans son âge mûr ne conserve pas toujours les mœurs qu'annonçait son jeune âge? Ne peut-on pas même, dès maintenant, concevoir de douloureuses inquiétudes? Les précurseurs du Pouvoir, qui seront peut-être ses

(1) Code Pénal, tit. I, § 5.

tuteurs, n'affectent-ils pas des formes qui effraient? On supend l'action des lois (1), on brise l'épée du guerrier (2); on viole le sanctuaire de la Justice, pour en arracher le magistrat ou pour exiger de lui des actes arbitraires (3). Après avoir proclamé la souveraineté du peuple, on usurpe en son nom un Pouvoir qu'il n'a point encore délégué (4); on lui fait violence dans l'exercice de son droit (5); on comprime la liberté de son action souveraine (6); enfin on veut priver de son baptême populaire le Pouvoir qui doit naître de la souve-

(1) « Vos Pouvoirs sont illimités..... Vous ne relevez que de votre conscience. » (*Circulaire de M. Ledru-Rollin, ministre de l'intérieur, aux commissaires du Gouvernement provisoire*, § 2.)

(2) « Vous pouvez suspendre un chef de corps. » (*Même Circulaire*, § 2.)

(3) « Vous exigerez des parquets un concours dévoué.... Quant à la magistrature inamovible, vous la surveillerez; et si quelqu'un de ses membres se montrait hostile, vous pourriez user du droit de suspension. » (*Même Circulaire*, § 3.)

(4) « Vous êtes investi de la Souveraineté du Peuple. » (*Même Circulaire*, § 3.)

Faut-il faire remarquer à un ministre démocrate que, dans les théories de la Souveraineté du Peuple, le Peuple n'*investit* personne de sa Souveraineté? elle réside en lui, elle y demeure. Seulement le Peuple *délègue*, afin qu'on exerce le Pouvoir en son nom. *Souveraineté* et *Pouvoir* ne sont pas du tout synonymes dans les théories dont il s'agit ici.

(5) « Les sentiments républicains doivent être vivement excités. » (*Même Circulaire*, § 1.)

Et pourquoi, si le Peuple Souverain a d'autres sentiments, prendrait-il les vôtres?

(6) « Que votre mot d'ordre soit : Partout des hommes nou-

raineté du peuple (1). Or, si ce système prévalait, si l'élection était ainsi faussée, le Pouvoir, qui en doit être le produit, ne serait pas même la conséquence de son Principe. Le Pouvoir, il est vrai, sera libre de récuser ce qu'on aura fait sans lui et contre lui, et il faut penser qu'il le récusera; autrement, s'éloignant des notions communes du droit, on peut prévoir qu'il s'éloignera plus encore des doctrines du Catholicisme, qui sont la plus haute expression du droit; et alors, malheur à lui; il se prépare de rudes labeurs pour arriver à de tristes déceptions. Oui, on peut l'affirmer, des institutions fondées sur le sol catholique de la France, et dont le Catholicisme ne fournirait pas les principaux éléments, seront stériles et éphémères. On peut l'affirmer, quand l'homme

veaux, et, autant que possible, sortant du Peuple. » (*Même Circulaire*, § 5.)

Comme le *mot d'ordre* est bien placé à l'égard du Peuple Souverain! Et puis, pourquoi cet ostracisme, si le Peuple veut des hommes anciens et d'expérience?

(1) « Les élections sont votre grande œuvre..... Mettez-vous en garde contre les intrigues des hommes à double visage....... Ceux-là vous trompent, et vous devez leur refuser votre *appui*..... Eclairez les électeurs..... L'éducation du pays n'est pas faite, c'est à vous de la guider..... Examinez *sévèrement* les titres des candidats. Arrêtez-vous à ceux-là seulement qui paraissent présenter le plus de garanties à l'opinion républicaine..... Pas de *transactions*, pas de complaisances. » (*Même Circulaire*, § 5.)

Toujours le même système, qui se réduit à ceci : Le Peuple français, en sa qualité de Souverain, est libre, mais il fera notre volonté.

voudra faire en France de la civilisation en dehors du Catholicisme ou en hostilité au Catholicisme, il échouera infailliblement, et sera même plus faible qu'il ne l'eût été avant l'Evangile. Un législateur anti-chrétien pourra bien encore donner à la société une apparence de civilisation; il pourra adoucir les aspérités, polir les formes, satisfaire à quelques intérêts, introduire quelques améliorations externes; il pourra agir à la surface; mais dès qu'il voudra pénétrer jusqu'à l'essence de la société, il sera contraint de reconnaître son impuissance. Le peuple français, catholique au fond, mais que le Pouvoir aura égaré en faussant ses idées religieuses, se livrera aux plus étranges aberrations; il prendra des utopies pour des Principes, ne connaîtra les lois que pour les éluder, le Pouvoir que pour le mépriser ou le détruire; il nommera Vertu l'art de voiler ses Vices, et en viendra même à ne les point voiler; il se fera des mœurs de convention, et il aura ainsi perdu la simplicité de l'état de nature, sans avoir conquis les avantages de la vie sociale. Non, ce n'est point sans crime et sans péril que l'homme prétendrait substituer ses pensées d'un jour à la pensée éternelle. Depuis que la Croix a paru, elle est devenue le signe du salut, et aussi le symbole et le gage de l'entière rénovation du monde.

Le Pouvoir en viendrait-il jusqu'à repousser la Croix? oh! alors, malheur à la France!

Renverser la Religion, c'est renverser la société tout entière (1); il n'y a pas long-temps que cette vérité a eu parmi nous sa désolante démonstration. Un jour qui vit encore dans le souvenir de la France, un jour Dieu fut sacrilégement chassé de son sanctuaire, les temples furent profanés ou détruits, les prêtres furent égorgés ou proscrits, les croyances furent refoulées dans les cœurs, et l'Impiété triomphante plana sur la France.

Le Catholicisme avait disparu, et tout périt en France; les lois conservatrices succombèrent, et furent remplacées par d'autres lois spoliatrices et cruelles, qui furent nombreuses, car la République était profondément corrompue (2). La Religion n'ayant plus de sanctuaire, la Justice fut exilée du sien; les tribunaux, protecteurs des intérêts de tous, firent place à des tribunaux révolutionnaires altérés du sang de tous; ils demandèrent le sang des grands et celui des petits, le sang du magistrat et celui du prêtre, le sang du peuple même et de l'obscur artisan, celui de l'épouse et de la jeune fille. L'Innocence, l'Honneur et la Vertu montèrent sur les échafauds, et le bourreau pouvait à peine suffire à l'avidité des pourvoyeurs de la mort; qu'il frappe toujours;

(1) « Omnis humanæ societatis fundamentum convellit, qui religionem convellit. » (PLATO, *De Republ.* lib. X.)

(2) « Corruptissimâ Republicâ, plurimæ leges. » (TACIT. *Annal.* lib. III, c. 27.)

quand il n'y aura plus que des criminels à punir, alors seulement il se pourra reposer.

Et ce qui est à peine croyable, les inspirations d'un Pouvoir sanguinaire furent accueillies; une nation que recommandait la douceur de ses mœurs devint tout à coup barbare; et il y eut une lamentable ressemblance entre la Gaule française, qui venait de repousser le Catholicisme, et l'ancienne Gaule, à qui le Catholicisme était encore inconnu. Les Gaulois, nos ancêtres, égorgeaient leurs prisonniers (1); qu'on se rappelle cette date néfaste du 2 septembre. Les Gaulois s'abreuvèrent de sang, et se nourrirent de chair humaine (2); qu'on se rappelle ces monstres mêlant du sang humain à leur breuvage, et ces autres monstres dansant autour de leurs victimes, et faisant rôtir leurs chairs pour les dévorer (3). Parmi les Gaulois, les femmes elles-mêmes excitaient au carnage, mais seulement au milieu des combats (4); parmi les descendants des Gaulois, au dix-neuvième siècle, des furies excitent au carnage et souvent l'exécutent elles-mêmes (5). On vit les Gaulois profaner les tombeaux des an-

(1) Herod. lib. IV, c. 62. — Tit. Liv. Hist. lib. X, c. 26. — Strabo, lib. IV.

(2) Pausanias, in Phocicâ. — Pompon. Mela, lib. II, c. 1. — Juvenal, Sat. XV, v. 93 et seq. — Hieronym. adv. Jovin, lib. II.

(3) MONTGAILLARD, *Hist. de la Rév. française*, tom. III.

(4) TACIT. *De morib. German.* c. VIII.

(5) MONTGAILLARD, *Hist. de la Rév. française.*

ciens rois de Macédoine et jeter leurs cendres au vent (1) ; demandez à l'antique basilique de Saint-Denis ce que sont devenues de royales dépouilles. Qui donc a rendu la vieillesse de ce peuple si exactement semblable à son enfance? c'est que, se lassant des régions pures où l'avait élevé le Catholicisme, il s'est endormi au son des paroles d'athéisme, et qu'il s'est réveillé les pieds dans le sang.

Puis ce peuple se plongea dans toutes les fanges de la corruption ; les mœurs païennes reparurent ; le mariage, dépouillé de sa sanction religieuse, n'arrêta plus le cynisme ; les époux ne respectèrent plus un lien qu'ils pouvaient briser à leur gré ; comme aux jours de Rome corrompue, on s'unit dans la pensée d'une prochaine séparation, et le divorce sembla être devenu la fin naturelle de l'alliance nuptiale (2). On perdit tout sentiment du devoir ; l'épouse profana des liens qui devaient être sacrés ; la jeune fille se fit gloire d'une fécondité qui n'avait pas le mariage pour principe ; la pudeur ne rougit plus ; le Vice s'étala au grand jour ; partout la licence, partout les désordres de mœurs et les orgies : la France sembla avoir voulu réveiller les lupercales de l'ancienne Rome ; elle pensa avoir caché le sang sous la corruption, mais

(1) PLUTARCH. *In Pyrrho*, § 59.

(2) TERTULL. *Apolog.* MARTIAL. Epig. 62, lib. I. — MONTGAILLARD, *Hist. de la Rév. française*, tom. IV, pag. 437.

Dieu avait vu ce sang; il avait vu les attentats sacriléges, et le châtiment ne s'était point fait attendre, et la Misère, la Famine, la Discorde, les Alarmes étaient venues fondre sur la France.

Renaîtront-ils ces jours de douloureuse mémoire? Non, nous espérons mieux de l'avenir de notre patrie. Puisse le Pouvoir, instruit par les leçons du passé, assurer cet avenir en s'appuyant sur les Principes du Catholicisme, qui sont les vrais Principes de sociabilité humaine!

§ 3.

TOUT GOUVERNEMENT SAGE DOIT S'EMPARER DE L'ÉLÉMENT CATHOLIQUE, PARCE QUE LE CATHOLICISME OFFRE LES VÉRITABLES PRINCIPES DE SOCIABILITÉ HUMAINE ET DE CIVILISATION PROGRESSIVE.

Toute société doit s'appuyer sur la Religion; cette vérité n'avait point échappé aux anciens (1), et un gouvernement sage ne saurait la méconnaître. De cette première vérité découle cette autre vérité que, dans un Etat bien constitué, l'unité de Religion est un Principe fondamental; les anciens l'avaient encore compris. Ne vantez plus la tolérance des Grecs, elle est démentie par la malheureuse destinée de Socrate. Celle de Rome? Mais aux jours de sa splendeur, toute innovation religieuse la révolte (2). La seule pensée d'introduire un culte et des dieux étrangers soulève l'indignation générale, et la majesté du Sénat s'en émeut (3) : ce fut l'exagération de ce Principe qui porta Rome à poursuivre le Ca-

(1) Prima in omni Republicâ benè constitutâ cura esto de verâ religione, non autem falsâ vel fabulosâ stabiliendâ, in quâ summus magistratus à teneris instituatur. PLATO : *De Repub.* II. — PLUT. *In Colotem.*

(2) Valer. Max. I. 3.

(3) Tit. Liv. *Hist.* XXV, I.

tholicisme : elle fut intolérante, même envers la Vérité.

Ces Principes découlent de la nature même de la Religion. La Religion est le lien le plus fort de la société (1); or, comprend-on un lien qui désunisse? Quand plusieurs croyances religieuses antipathiques les uns aux autres sont en présence, alors s'élèvent dans l'État plusieurs partis qui s'observent avec défiance ou qui se déchirent avec fureur, et la Religion devient un dissolvant pour la société, un embarras pour le Pouvoir. Où s'arrêter d'ailleurs dès qu'on est sorti de l'unité? Faudra-t-il admettre légalement toutes les religions? n'en faudra-t-il admettre aucune? N'en admettre aucune, c'est sortir des conditions gouvernementales, c'est proclamer l'athéisme. Accueillir indifféremment toutes les religions! Mais seront-elles accueillies toutes comme vraies ou toutes comme fausses? Les estimer toutes fausses, c'est se briser contre l'écueil déjà signalé; les estimer toutes vraies, mais la Vérité est une comme Dieu; c'est ce rayon du ciel que l'analyse ne saurait décomposer. Comment la vérité serait-elle contradictoire à elle-même dans son essence et dans sa manifestation? Il suit de là que des doctrines religieuses contradictoires entr'elles ne sauraient être également vraies, et que les accueillir toutes

(1) MABLY : *Parall. des Rom. et des Franç.* t. I, p. 199.

au même titre, c'est manquer à ce grand Principe posé par Platon : « En toute République » bien ordonnée, le premier soin doit être d'y » établir la vraie Religion, et non pas une Re- » ligion fausse (1). »

En exposant ces incontestables principes, venons-nous semer l'alarme, proclamer l'intolérance, provoquer les proscriptions? Dieu nous en garde! nous savons qu'il est des temps de transition, et nous sommes certainement à une de ces époques de transition. Nous pensons donc, au contraire, qu'il faut admettre la tolérance civile en matière de Religion, non pas comme but, mais comme moyen; car qui dit tolérance, dit souffrance, et par conséquent exprime un état qui n'est pas l'état normal d'une société parfaitement coordonnée. Mais cette tolérance civile, qu'il ne faut pas confondre avec la tolérance doctrinale, peut avoir cet heureux résultat de rapprocher les esprits, et c'est précisément parce que nous avons foi au Catholicisme que cette tolérance civile ne nous cause point d'effroi. Nous avons la conviction profonde que cette tolérance civile doit un jour conduire les peuples à l'unité, et la situation des sectes dissidentes fortifie encore notre conviction; déjà les préjugés contre le Catholicisme se dissipent, déjà les préventions tombent, et il est permis de croire que dans un

(1) PLATO : *De Repub.* II.

avenir peu éloigné la parole du Christ aura son accomplissement : « Et il n'y aura plus qu'un » troupeau et qu'un pasteur (1). » Ce qui, au reste, sera le triomphe et le bonheur de l'humanité intimement liés au triomphe de la vérité.

Mais en attendant cette magnifique fusion de toutes les croyances dans une seule croyance, notre société française éprouve le besoin de s'appuyer sur le Principe religieux, et le Pouvoir qui présidera à ses destinées doit s'associer au sentiment de la nation qui devra aussi être le sien. Or, à laquelle des Théories religieuses qui divisent les esprits, le Pouvoir empruntera-t-il le Principe social de la Religion? Non pas évidemment aux différentes sectes à qui la tolérance civile a permis de s'établir en France; ces sectes religieuses, à les considérer seulement au point de vue civil et politique, et sans même apprécier leurs doctrines, ne sauraient offrir aucun appui au Pouvoir. Ces sectes, qui ne comptent qu'un petit nombre d'adeptes fractionnés encore par leur dissidence, ne peuvent exercer aucune action morale sur la société; elles peuvent vivre, mais ne peuvent répandre la vie autour d'elles. Quant aux opinions politico-religieuses qui naissent et meurent chaque jour, elles ne méritent pas même d'être nommées. C'est donc

(1) Et fiet unum ovile et unus Pastor. JOAN. X, 16.

évidemment au seul Catholicisme que le Pouvoir peut demander l'appui moral et religieux. Déjà le gouvernement provisoire l'a compris, et il a répondu au sentiment national en s'agenouillant avec le peuple dans un temple catholique, et en associant le Catholicisme aux pompes funèbres décernées aux citoyens victimes de leur ardeur patriotique; il l'a encore compris, lorsqu'il a demandé au Catholicisme d'attirer les *bénédictions divines* sur les nouvelles institutions (1). Mais il semble ne l'avoir pas également compris, lorsqu'il a passé le niveau sur tous les cultes (2); il y a des inégalités que toutes les Théories du monde n'effaceront jamais. Que tous les cultes soient respectés et *honorés*, comme dit M. le ministre de l'intérieur (3); nul, que nous sachions, ne le conteste et ne l'a contesté avant que la circulaire parût; mais que le Catholicisme soit confondu avec tous les cultes nés, ou à naître, voilà ce qu'on ne saurait dire en face d'une nation catholique sans offenser cette nation, et sans être injuste envers le Catholicisme. Le

(1) Circulaire de M. Carnot, ministre provisoire de la justice et des cultes, aux archevêques et évêques.

(2) « Le peuple a respecté la conscience dans la Religion, qu'il veut libre, mais qu'il veut sans inégalité et sans privilége. » Proclamation du Gouvernement provisoire au Peuple français.

(3) « La République honore tous les cultes. » Circulaire de M. Ledru-Rollin, ministre provisoire de l'Intérieur, aux maires.

Catholicisme a des titres qui lui sont particuliers, et s'il les faut présenter, nous ne les chercherons pas dans ses caractères de divinité, mais dans sa position sociale toute seule; le Catholicisme, à son droit de divinité, joint en France son droit de primogéniture; et, en vertu même des Principes de la souveraineté nationale, il joint à trente millions d'électeurs quatorze siècles d'élection. Ce n'est donc point le *privilége* (1) qui lui donne des droits, c'est le choix même de la nation souveraine dont le Pouvoir sera le délégué seulement. Ainsi le Pouvoir, en s'appuyant sur le Principe catholique, demeurera dans les conditions de son Principe originel, et il assurera son existence en servant les intérêts de la nation; car le Catholicisme est une puissance en France.

Il peut paraître étrange qu'au milieu des clameurs confuses des passions, et en présence de l'Indifférentisme, on affirme sans hésiter que le Catholicisme est une puissance en France. Rien pourtant n'est plus vrai; on s'habitue trop aisément à juger la nation tout entière, d'après l'esprit et les mœurs de quelques grandes cités, foyers d'impiété et de corruption. L'action du Catholicisme, sans doute, se fait moins sentir à ces populations hétérogènes, accourues de toutes

(1) Proclamation du Gouvernement provisoire au Peuple français, déjà citée.

les contrées, et sans autres liens que des besoins à satisfaire ou des passions à cacher. L'ardeur des passions agite et aveugle, l'âpreté de travaux continus écrase, le mouvement des affaires emporte, les loisirs manquent; on n'a pas le temps de regarder un Principe en face; à peine a-t-on le temps de vivre; et puis quand sonne l'heure du repos, c'est-à-dire de la mort, on est tout étonné de se trouver en face de Dieu.

Et pourtant il ne faut pas conclure que le Catholicisme n'ait aucune action sur les nombreuses populations des cités. Il la peut perdre sur le riche aussi long-temps que l'infortune n'aura pas abaissé son orgueil, mais il l'exerce sur le pauvre qu'il soulage et qu'il console; il l'exerce dans le sanctuaire domestique par l'intermédiaire de la famille; c'est la mère ou l'épouse dont les vertus ramènent à la vérité le fils ou l'époux; c'est un fils religieux et soumis qui fait rougir un père incrédule ou libertin. Le Catholicisme exerce sa puissante action dans son propre sanctuaire; chacun y vient placer les époques solennelles de sa vie sous les auspices de la Religion; et la Religion se mêle aux joies nuptiales, sourit au premier né; on s'unit à elle, on l'aime, ou du moins on la vénère, et insensiblement on subit son influence salutaire; la conscience se réveille; on s'était cru impie, et on s'aperçoit qu'on n'était qu'indifférent. Le jeune homme irréfléchi, qui croyait se soustraire à l'empire du Catholicisme, s'y soumet dans l'âge mûr, et souvent même n'attend pas l'âge mûr. Le Catholicisme a rassemblé autour de ses chaires cette généreuse jeunesse qui est la vie et l'espérance de la France; et cette jeunesse, digne de comprendre les grandes pensées et les nobles sentiments, a senti que le règne de la Vérité s'établissait en elle, et qu'il y affermissait le règne de la Vertu (1).

Mais c'est sur la face entière de la France, loin de ces grands centres où s'agitent les passions, que le Catholicisme exerce son action avec plus d'empire. Les habitants des cités oublient aisément les vérités de la Religion, parce que, voyant sans cesse autour d'eux les produits de leur industrie ou les monuments de leur orgueil, ils s'occupent peu de l'action providentielle dont la conduite leur échappe; aussi est-ce surtout dans les villes que les Théories d'athéisme ou de fausse philosophie sont accueillies avec plus de faveur. Mais l'homme des champs, étant plus près de la nature, est aussi plus près de Dieu, et il n'a point assez de philosophie pour jouir de la vie sans remonter vers celui qui vivifie; mais l'habitant de nos bourgades, vivant dans une plus grande simplicité de mœurs, reçoit plus volontiers les

(1) Ainsi, à Paris, les conférences données dans l'église métropolitaine par ordre de M. l'archevêque, exercent une puissante influence sur la nombreuse jeunesse qui s'y presse.

inspirations d'une Religion essentiellement moralisatrice; et, parmi eux, le Catholicisme s'élève avec la majesté et la force d'un Principe. Nos compatriotes des provinces, placés à distance, ressentent moins les influences contraires; quand la tempête s'élève au sein de la reine des cités, et emporte les trônes et les institutions, ils sont encore calmes, ils voient les flots bouillonnants se briser à leurs pieds comme le flux d'une mer en courroux; ils attendent et ils espèrent, parce qu'ils ont foi en celui qui apaise la tempête. Or, cette foi qui fait leur force, fera aussi la vôtre, si vous savez l'employer. L'Urne électorale est posée au milieu de la France, et la France va se presser autour de cette Urne. Nos provinces catholiques, enveloppées dans leurs croyances, vont s'avancer, partagées entre le sentiment des devoirs du citoyen et le sentiment de l'homme et du chrétien; elles vont s'avancer, partagées entre des espérances vagues et de tristes souvenirs. On verra Lyon, portant encore les traces de la mitraille; on verra Nantes, épouvantée encore de ces affreuses alliances dans la mort; on verra les provinces de l'Ouest, que leurs anciens désastres remplissent encore de stupeur; on verra Arras, frémissant encore d'avoir été la proie d'un monstre; on verra toutes nos provinces qu'ont désolées naguère la Famine, l'Incendie et le Meurtre, et qui, se souvenant à quelles institutions elles durent leurs malheurs, se demanderont avec anxiété si les mêmes institutions ne présagent pas les mêmes malheurs. Rassurez-les, ditesleur bien que le nouveau Pouvoir n'aura soif ni d'impiété ni de sang; autrement, elles s'éloigneraient avec douleur, et leur éloignement ferait autour de vous un vide immense, et vous péririez bientôt au sein de votre solitude peuplée d'hommes sans honneur et sans foi; et le monde apprendrait de nouveau que nul pouvoir humain n'est fort contre la Croix.

Tout Pouvoir donc qui voudra naître et vivre sur le sol catholique de la France, doit s'appuyer sur le Catholicisme, dépositaire de la Vertu de la Croix. Toute puissance a péri en France, les glaives et les sceptres ont été brisés, les institutions renversées; le Principe catholique seul est resté debout au milieu des ruines, et quiconque voudra réparer ces ruines, se devra placer à l'ombre du Principe catholique, s'il veut fonder et maintenir. Tout Pouvoir qui repousserait ce Principe, trahirait de secrets desseins. On concevrait, en effet, qu'un Pouvoir qui voudrait s'établir et se maintenir par la violence, fût antipathique au Catholicisme, ennemi de la violence. Ainsi, la Convention, qui voulait la Terreur, a repoussé le Catholicisme; et Napoléon, qui voulait le Despotisme, l'a faussé. Il faut à ces Pouvoirs la force matérielle; ils règnent par l'échafaud ou par les camps; ils épouvantent au dehors et compriment au dedans; mais la force matérielle n'a qu'un temps, et ils finissent dans la honte ou dans le sang.

Mais le Pouvoir qui va s'élever en France ne veut s'appuyer ni sur la terreur, ni sur le despotisme; on le déclare hautement, on le proclame (1); c'est par la nation elle-même qu'il veut gouverner la nation; il doit donc employer la force morale, qui agira le plus fortement sur la nation. Or, où la puisera-t-il? Dans l'opinion (2)? Mais l'opinion mobile et changeante n'est point, à proprement parler, une force gouvernementale. Dans l'enthousiasme? Mais l'enthousiasme naît et meurt en un jour. Dans l'amour de la patrie? Mais c'est la Religion qui inspire l'amour de la patrie; la nature fait naître sur le sol, c'est la Religion qui le rend sacré : et Rome, en ses jours de Gloire, ne séparait point le culte des dieux du culte de la patrie. C'est donc au Principe religieux, et par conséquent au Catholicisme qui en est la plus grande extension en France, que le Pouvoir doit s'adresser pour obtenir la plus grande force morale, car c'est la Religion seule qui commande

(1) Voir les déclarations du Gouvernement provisoire.

(2) M. Louis Blanc, membre du Gouvernement provisoire : « Le Gouvernement de la République est fondé sur l'*opinion*. » (*Presse*, 19 Mars.) S'il a dit vrai, il n'a présagé ni la force ni la durée de l'Institution.

sans violenter, et qui éveille dans les peuples les sentiments nobles et généreux.

Il y a plus : dans la situation présente de la France, et précisément à cause de cette situation, le Catholicisme est la seule force qui offre au Pouvoir des garanties d'existence et de durée.

Nous ne sondons les intentions de personne, à Dieu seul le jugement des consciences ; nous ne savons si tous les révolutionnaires ont eu le sentiment de ce qu'ils faisaient ; nous pensons même que beaucoup ne l'ont point eu ; mais nous prenons les résultats tels qu'on les présente et tels qu'ils se présentent officiellement. Or, de l'ensemble des documents, il demeure bien établi que la Révolution s'est accomplie en vertu d'une interprétation plus ou moins exacte des doctrines du Catholicisme. Déjà on avait préparé l'opinion, les écrivains les moins catholiques répétaient que le Principe catholique attendait et devait avoir enfin son développement complet. Et en vérité on pouvait s'en douter, car depuis long-temps le prêtre catholique ne disait point autre chose; seulement il voulait obtenir ce développement sans secousse et par les moyens moraux; il ne voulait pas précipiter indiscrètement les peuples dans les voies du progrès, sans être assuré qu'on ne les verrait point défaillir. On a voulu faire vite et atteindre au but sans haltes intermédiaires; a-t-on eu raison? L'avenir répondra. Mais enfin c'est un fait accompli, et nous l'acceptons, sauf à en tirer les déductions; c'est un fait incontestable que la Révolution française de 1848 s'est produite sans le Catholicisme, mais en usurpant la pensée catholique (1). Et comme pour le manifester au monde, on a appelé le Catholicisme à en consacrer le symbole (2), et on a imprimé à la Révolution un sceau qui annonce nne origine catholique. Une triple vérité qui révèle à l'homme sa propre dignité, et qui règle ses rapports avec les autres hommes, était écrite dans l'Evangile (3); on s'est emparé de cette sorte de trinité sociale, et on a inscrit sur le fronton du temple : *Liberté, Égalité, Fraternité*, comme pour annoncer que le Principe catholique allait devenir le Principe social, et que la société allait se reformer sous les inspirations du sanctuaire.

C'est là une magnifique Théorie qui porte l'empreinte des plus nobles sentiments; mais les peuples ne vivent pas de Théories seulement, ils

(1) M. de Lamartine l'a constaté : « La France se glorifie de » trouver dans sa religion la source de sa liberté. » Réponse à la députation des Irlandais. (*Presse*, 19 mars.)

(2) Le Peuple ne s'y est point mépris, et il a appelé le Clergé à bénir tous les arbres de la Liberté.

(3) Sur la Liberté : GAL. IV, 31, V, 13. — ROM. VIII, 21. — II Cor. III, 17. — JOAN. VIII, 32.

Sur l'Egalité, voir MATTH. XX, 26, XXIII, 11. — MARC, X, 43. — LUC, IX, 46 et seq. — XXIII, 26.

Sur la Fraternité : MATTH. XXIII, 8. — I PET. II, 17. — ROM. XII, 10. — I Thess. IV, 9.

vivent de leur application, et l'application de celle-ci n'est pas sans difficulté ni sans péril. C'est une grave erreur de penser qu'on puisse prendre au hasard quelqu'une des vérités catholiques sans attirer à soi l'esprit du Catholicisme pour la vivifier. Souvenez-vous de cette autre époque où l'on emprunta également à l'Evangile les dogmes de l'existence de Dieu et de l'immortalité de l'ame pour les écrire sur les murs de nos cités; ils furent sans vertu, parce que ce n'était point la Religion qui les présentait. Il en sera ainsi de ces trois mots : *Liberté*, *Egalité*, *Fraternité*, que vous avez gravés sur nos édifices publics, si vous n'appelez la Religion à en déterminer le sens. Ils ne seront plus qu'une simple devise (et déjà on l'a dit (1), ou qu'un inintelligible symbole. L'Indifférence passera sans les lire ou sans les comprendre; mais les Passions les liront peut-être, et ce sera pour le malheur commun; car elles les interpréteront à leur gré, ou les feront servir à leurs vils intérêts. Le salut ou la perte de la société sont renfermés dans ces trois mots, selon qu'ils seront ou ne seront pas l'expression de la pensée catholique; si la Religion ne les a point inspirés, ils ne sont plus l'espérance de l'avenir; ils deviennent ces trois mots sinistres : Impuissance, Division, Ruine, qui apparurent tout à coup sur

(1) Voir la *Presse*, 19 mars.

les murailles du palais de Balthazar (1), et qui sont comme l'épitaphe de nations qui vont périr.

Comment, en effet, la *Liberté*, l'*Egalité* et la *Fraternité*, prises dans le sens des passions, seraient-elles le salut d'un peuple: s'annoncent-elles avec l'ensemble et la majesté de principes sociaux? La Liberté, quand elle ne repose pas sur des Principes qui lui soient antérieurs, n'est pas même définie (2); chacun l'envisage à travers ses intérêts ou ses instincts : la multitude la confond avec l'anarchie, et dans le vrai, elle n'est d'abord que cela; c'est une sorte d'ivresse qui s'empare d'un peuple, qui l'étourdit, et bientôt ce peuple s'endort bercé de doux rêves. Puis vient l'heure du réveil, et c'est aussi l'heure des déceptions. La multitude, qui pensait ne plus obéir, apprend avec étonnement qu'il faut obéir dans une République aussi bien que dans une Monarchie (3); car la société ne subsiste que par l'ordre qui naît de la subordination aux diverses

(1) Daniel : v, 25 et seq.

(2) Quelquefois la Liberté n'est qu'un caprice tumultueux dont la Vertu et le Mérite deviennent victimes, comme à Athènes; d'autres fois, comme à Rome sous les décemvirs, un vain nom qui rend la servitude d'un peuple plus accablante. Mably : Parall. des Rom. et des Franç. tom. I, p. 48.

(3) Une nation peut être libre, c'est-à-dire s'être réservé le droit de se faire elle-même ses lois; mais le nom de Liberté n'est plus qu'un mot vide de sens et chimérique, dès qu'on veut l'appliquer aux particuliers. On est aussi soumis dans une République que dans une Monarchie. Mably : Parall. etc. t. I, p. 104.

hiérarchies. Cependant la Liberté est ombrageuse, elle est ennemie du joug; bientôt elle entre en lutte avec le Pouvoir, quel qu'il soit, avec celui-là même qu'elle s'est imposé, et bientôt aussi, comme on l'a dit (1), on arrive à un dix-huit brumaire, ou du peuple, ou du Pouvoir. Si la Liberté l'emporte, elle reprend ses allures anarchiques jusqu'à ce que, s'épuisant par ses propres excès, elle conduise le peuple à *douter si la Liberté* lui est un si grand bien, et *le porte à désirer une chose, qui est d'avoir moins de liberté* (2). C'est alors que, par lassitude, il se laisse indolemment tomber sous le joug du despotisme; car c'est toujours au despotisme qu'aboutit l'excès de la démocratie (3).

L'Egalité, de son côté, quand ce n'est pas la main de Dieu qui abaisse les hauteurs de l'orgueil, n'est point un élément de sociabilité, mais un ferment de discorde. Chacun se prend soi-même comme terme de comparaison, et place l'Egalité à son niveau; et comme il est des âmes au niveau de terre, et qu'elles forment le plus grand nombre, il suit qu'il faudra descendre prodigieusement pour ne les point dépasser. Toute inégalité choquera; et pourtant il en est

(1) M. de Lamartine, voir la *Presse*, 19 mars.

(2) La Bruyère : Caractères, chap. XII, des Jugements.

(3) Ferrand : Esprit de l'histoire, t. I, p. 207. — Mably : Parall. des Rom. et des Franç. t. I, p. 46.

dans la nature; décrétera-t-on la suppression de l'activité, du talent, du génie? Il en est dans la société d'inévitables, de désirables même dans l'intérêt du peuple. Que deviendrait le monde physique, si les montagnes où les fleuves prennent leur source descendaient au niveau des plaines, et si l'arbre qui nous donne ses fruits n'excédait pas l'herbe des champs? Que deviendrait la société si l'Intelligence ne dirigeait la Matière, et si la Fortune n'excitait le Travail et ne secourait la Misère? Mais il n'y aura plus de misère, dit-on, la fortune sera le patrimoine de tous; et déjà le Communisme dans l'ombre couve la Propriété du regard pour la déchirer en lambeaux. La lui jettera-t-on comme une proie? Alors c'est à l'égalité dans la misère qu'on veut arriver. On trompe étrangement le peuple en lui présentant la division des fortunes comme une fortune pour lui; on appauvrirait quelques-uns sans enrichir personne. Qu'on divise le sol de la France; qu'on tienne compte des fleuves, des canaux, des routes, des chemins de fer, des établissements nationaux, de l'emplacement des cités, des terres à jamais incultes ou stériles, que restera-t-il à chacun? A peine pour placer le berceau et la tombe.

C'est ainsi que les Passions, quand le sentiment religieux ne les réprime point, entendent le Principe d'égalité, imprudemment livré à leurs interprétations. Ce n'est point en ce sens, il est vrai, qu'il a été proclamé; évidemment on a voulu consacrer l'égalité des droits seulement. Eh bien, encore en ce point, la multitude dénaturera ce Principe social, si le Principe religieux ne le rétablit dans sa vérité; chacun s'exagèrera son droit en amoindrissant le droit d'autrui, si tant est qu'on le reconnaisse, et l'égalité des droits, qui devait établir la concorde et la paix, portera partout le trouble, la confusion et la discorde (1). Chacun verra toujours ses droits compromis ou menacés; plus on sera bas, plus on soupçonnera quiconque le sera moins de vouloir s'élever; on verra l'aristocratie jusque dans la boue, et nul ne pourra, sans danger, s'élever à la hauteur d'homme.

Que deviendra alors la fraternité? Ce qu'elle est déjà sans le Principe religieux : une utopie. Sans doute le symbole en est touchant, mais il est plus facile de mettre une main dans une main, que de rapprocher les cœurs, et si les hommes ne sont point unis dans les croyances, n'espérez pas qu'ils s'unissent dans les pensées sociales, aussi

(1) Deux faits caractéristiques viennent de se produire et confirment ce qui vient d'être dit. Celui des manifestations successives et contraires de la garde nationale et du peuple (voir les journaux des 18 et 19 mars), et celui des contestations entre les maîtres et les ouvriers. Le Gouvernement provisoire avait fixé la durée du travail à dix heures, et les ouvriers, usant de violence, ont contraint les maîtres à signer des engagements réduisant, malgré l'arrêté, la durée du travail à 9 heures. Que devient l'égalité des Droits, si elle n'est pas réciproque?

long-temps qu'ils auront des intérêts et des passions contraires. On ne crée pas les liens si doux de la famille avec des décrets; la nature elle-même, bien autrement puissante que la politique, est souvent trompée dans ses vœux; dès l'origine, il n'y avait encore que deux frères, et Caïn tua Abel (1).

Si donc ces trois principes sociaux ne sont pas l'expression vraie du Principe catholique, qu'on se le persuade bien, ils n'auront aucune vertu. En d'autres temps, on proclama également la *Liberté*, l'*Egalité*, la *Fraternité;* mais comme on ne les avait pas placées sous la garde de Dieu, il fallut les placer sous l'empire de la Mort. Que le passé instruise le présent. Veut-on que ces Principes de liberté, d'égalité, de fraternité soient puissants et forts? qu'on emprunte au Catholicisme sa puissance et sa force; c'est à lui de leur donner leur développement complet, et de leur imprimer leur véritable caractère; car c'est lui qui les a produits.

La liberté a pris naissance dans le sanctuaire, et quand elle demeure ce qu'elle doit être, elle est le plus beau privilége de l'homme, et comme un reflet de la pensée de Dieu; donc elle symbolise le magnifique attribut. C'est dans le sanctuaire aussi que l'homme comprend son néant (2); là,

(1) Gen. IV.

(2) Substantia mea tanquam nihilum ante te. Ps. XXXVIII, 6.

Dieu pèse également sur tous du poids de sa grandeur, et l'égalité humaine est un effet de la pression divine; c'est dans le sanctuaire enfin que le dogme d'un Homme-Dieu se révèle, et la fraternité humaine naît de la fraternité divine.

Or, ces Principes ne sont pas restés obscurément cachés dans le temple; le Catholicisme les a produits au-dehors et les a implantés sur le sol social de la France. On s'imagine assez volontiers que le Catholicisme, parce qu'il est ennemi de l'anarchie, s'accommode aisément du despotisme, et qu'il est antipathique à toute liberté. Mais les siècles déposent contre des assertions mensongères; ils montrent le Catholicisme ouvrant la carrière devant la liberté, soutenant sa marche, préparant son triomphe; ils montrent le Catholicisme brisant d'abord les fers de l'esclavage (1), prodiguant ses trésors pour racheter les esclaves (2), et les recueillant à l'ombre de son sanctuaire (3). Plus tard, quand l'ombre du manoir vint peser sur le serf opprimé comme une atmosphère d'arbitraire et de despotisme, le Catholicisme fit entendre le mot solennel d'affranchissement qui retentit encore dans le lointain des âges;

(1) S. Remigii : Epist. IV, ad Chlodoveum.

(2) Gregorii Magn. Epist. VI, Lib. V, ad Childebertum. — Conc. Remense anno 630, Can. I. — Conc. Matisconense I, Can. XVI. — Fragmenta de Reb. piè gestis Dagoberti.

(3) Conc. Agathense anno 506, Can. XXIX.—Mably : *Observations sur l'hist. de Fr.* t. I, p. 403.

il marqua cet affranchissement de son sceau, le consacra au pied de ses autels, et les pompes de son culte devinrent les pompes de la liberté (1). Sa doctrine en était le principe ; il le montra écrit dans l'Evangile ; les rois l'écrivirent dans leurs chartres, et bientôt tous les vassaux des domaines royaux furent affranchis (2).

Cependant le Catholicisme veut étendre en France le règne de la Liberté ; il lutte énergiquement avec les hauts barons, avec les seigneurs de la Féodalité, et souvent même avec les rois, pour la défense de ses droits et de sa propre liberté derrière lesquels sont retranchés la liberté et les droits de tous. Le Catholicisme enfin l'emporte, et la France lui doit l'affranchissement de ses communes (3); c'est sous ses auspices que la

(1) Le Clergé prenait une part active à l'affranchissement des serfs, et pour rendre l'acte de *manumission* plus sacré, c'était dans l'Eglise que se faisait cette cérémonie. Le serf était remis entre les mains de l'évêque, qui lui donnait les *sables* ou lettres d'affranchissement. Cet affranchi, appelé *Tubularius*, demeurait sous la protection spéciale de l'Eglise, qui réprimait par ses censures ceux qui voulaient engager de nouveau dans la servitude les serfs qui avaient été affranchis.

Mably : *Observations sur l'hist. de Fr.* t. I, p. 403.

(2) Voltaire : Essais sur les Mœurs, t. II, p. 414.

(3) La mauvaise foi a vainement tenté d'obscurcir cette vérité : quiconque voudra puiser aux sources, reconnaîtra l'immense part que le Clergé de France a prise dans la conquête de nos libertés ; il reconnaîtra que c'est sans contredit à l'influence de Suger sur Louis-le-Gros que l'on doit l'affranchissement des communes. Voir Suger, de Vita Ludovici Grossi—Ordineric Vital, L. 2.

Liberté prend possession de la cité (1); il étend sur elle son sceptre protecteur et la défend contre les infidélités et le parjure (2); il livre ses ministres en garantie des droits acquis, et l'évêque devient le glorieux otage de la Liberté (3). Il en devient parfois la généreuse victime; il souffre pour la défendre (4), et quand il le faut, il meurt pour elle (5); il avait été naguère martyr pour la foi, il est maintenant martyr pour la patrie.

Cependant le Catholicisme prépare le triomphe

— Ducang. Gloss. vocib. *Servus*, *potestas, communes, communantia.*—Daniel : Histoire de France, t. II. —Si dans certaines cités, comme à Laon, les évêques ont résisté, c'est que le peuple voulait arracher violemment les concessions (Voir : Guibert, de vitâ suâ, L. 3. —Longueval : Hist. Gall. t. VIII, p. 267) et que les évêques les voulaient octroyées par le souverain ; le Clergé s'est toujours maintenu dans de sages limites, également éloigné d'un absolutisme ombrageux et d'une démocratie exagérée.

(1) La charte de Nevers (27 juillet 1231) est signée par l'archevêque de Lyon, les évêques de Langres, Autun, Auxerre, et sanctionnée par une bulle du Pape.

(2) Les évêques, pour consolider l'établissement des communes, les protégeaient de leur autorité spirituelle, et menaçaient d'excommunication les rois ou les princes infidèles à leurs promesses. (Legendre, *Mœurs des Franç.* p. 100.)

(3) On vit des évêques consentir à se donner en otages aux villes et aux bourgs qui, ayant obtenu des priviléges de commune, restaient en défiance de la sincérité royale. (Legendre, *Mœurs des Franç.* p. 100).

(4) Ainsi Godefroy, évêque d'Amiens, ayant favorisé l'établissement de la commune de cette ville, Thomas de Marle, comte d'Amiens, irrité, fit piller les biens de l'évêque et brûler l'Eglise. (Guibert : de vitâ suâ.)

(5) Guibert : de vitâ suâ, LIII.

des libertés publiques; il inspire un grand homme qu'il avait formé à l'ombre du cloître, et l'abbé Suger, qui fut appelé *Père du Peuple*, par le peuple lui-même (1), réunit en Assemblée nationale les différents ordres de l'Etat, leur expose avec fermeté, et les besoins et les droits du peuple, et se concerte avec eux sur les moyens de satisfaire à tous les besoins et d'assurer tous les droits (2). Suger renouait ainsi les traditions de ces grandes assemblées de la Nation qui, se renouvelant depuis à certaines époques, préluderont à nos derniers Etats-généraux où la Nation fut appelée à délibérer et à se prononcer sur ses propres intérêts, ce qu'elle est appelée encore à faire en ce moment. Comment donc, en jouissant de la plénitude des libertés publiques, ne se point reporter avec gratitude vers un passé, où le Catholicisme nous a amassé ce patrimoine de liberté ?

La Liberté suppose ou appelle l'Egalité, non cette Egalité qui entraîne l'élévation ou l'abaissement de tous au même degré, mais celle qui abaisse les barrières que l'orgueil humain élève devant le Mérite et la Vertu. Le Catholicisme a donné les notions de cette véritable Egalité; il en a offert l'image dans sa propre société. Pendant que la Féodalité dressait fièrement sa tête orgueilleuse, pendant qu'il fallait des titres pour

(1) Longueval : *Hist. Gall.* t. IX, p. 239.
(2) S. Bernard : Epist. 377 — Long. *Hist. Gall.* t. IX, p. 239.

devenir le serviteur d'un roi, il appelait indistinctement le grand et le petit à l'Egalité de la vie religieuse; il ouvrait à tous la carrière de ses honneurs, et le fils de l'artisan ou du pâtre pouvait aspirer à desservir ses autels et même à régir la société chrétienne. Ainsi la société chrétienne demeurait au milieu de la société civile et politique, comme un type de cette égalité qui devait un jour permettre à tous d'aspirer à tout.

C'est que le Catholicisme ne voit dans une société qu'une famille, et dans les membres qui la composent que des frères; il est venu contracter avec nos ancêtres une fraternité mystérieuse dans la Foi, dans la Gloire, et aussi dans la Douleur. Il s'est uni i nséparablement à la France dans ses fortunes diverses, et l'a secondée dans ses transformations successives; il a présidé à la confection de ses lois; s'est glissé dans ses mœurs pour les adoucir; lui a dispensé les trésors de la science et a rassemblé autour d'elle tous les éléments civilisateurs.

La France, en recevant les Principes du Catholicisme, a donc reçu en même temps les Principes de la véritable civilisation; Principes qui se sont insensiblement développés parmi nous sous la puissante influence de la Religion et au milieu des vicissitudes les plus contraires. Au milieu de ces vicissitudes, la sagesse consistait à déposer dans le sein de la société française les germes civilisateurs, et à attendre que l'influence des doctrines catholiques les mûrît. C'est qu'il n'en est pas de l'œuvre divine comme des œuvres humaines. L'homme, abandonné à lui-même, n'agit que dans certaines limites, il se hâte, sauf à voir renverser le lendemain ce qu'il avait édifié la veille. Le Catholicisme, patient et fécond comme Dieu, ne connaît point de limites et ne produit rien d'éphémère; il ne borne point ses prévisions à quelques siècles seulement; s'il élève un peuple, c'est pour le maintenir jusqu'à la fin dans sa splendeur.

Un but si élevé annonce assez ce que le Catholicisme entend par civilisation. Dans sa pensée, la civilisation n'est pas seulement la politesse dans les formes, le développement des intérêts matériels, l'habileté à étudier les goûts et à les satisfaire, l'art de varier les productions du luxe, l'agitation et le mouvement produits par le frottement des nations, et qui, en les énervant mutuellement, préparent les causes de leur mutuelle décadence. Cette civilisation, empruntée aux seuls instincts et aux passions, suit naturellement les fluctuations incertaines des passions; elle amène les abstractions, les jouissances factices, et n'imprime qu'une sorte de mouvement galvanique qui fatigue les ressorts de la société, et qui finit par les briser. Sous l'empire d'une telle civilisation, une nation peut s'annoncer avec un certain éclat, mais très-certainement elle n'est point heureuse et ne saurait durer. Cette civilisation, les peuples anciens l'ont eue, et ils n'y trouvèrent jamais ni sauvegarde contre la tyrannie, ni préservatifs contre les divisions intestines; cette civilisation, n'ayant point pour elle la force morale, ne pouvait se maintenir que par la force matérielle, et pour un temps.

Le Catholicisme donne de la civilisation des notions toutes différentes; sans doute, il ne se refuse point au sage développement des intérêts matériels, mais il place au-dessus, et avec raison, les développements moraux. Une société civilisée, dans la pensée catholique, c'est l'aggrégation des hommes réunis dans le double but de devenir plus heureux en devenant meilleurs, et ainsi la civilisation chrétienne est l'art de conduire les peuples à la Prospérité et à la Gloire par la Liberté et par la Vertu.

Tels sont les Principes que le Catholicisme s'est efforcé de faire prévaloir pendant notre long passé, et qui eussent prévalu, sans nul doute, si l'Impiété et les Passions n'eussent constamment arrêté son action. C'est sur ces bases que le Catholicisme a posé l'édifice social en France; il a construit cet édifice pierre à pierre, et l'a élevé à la hauteur où vous le trouvez. Il s'agit aujourd'hui de mettre le fronton; qu'il ne soit point en désaccord, mais en harmonie avec l'édifice; l'édifice tout entier présente un caractère religieux et catholique, demandez donc au Catholicisme de vous aider à poser le fronton, car il le faut couronner d'un symbole qui rende l'édifice tout entier vénérable aux siècles futurs, et c'est au Catholicisme seul qu'il appartient d'y placer la Croix.

Ici se présente naturellement cette question : Comment le Pouvoir qui va régir la France doit-il s'emparer de l'élément catholique?

Les anciennes religions faites de main d'homme étaient des instruments aveugles entre les mains du Pouvoir. Tel n'est pas le Catholicisme; l'indépendance du Pouvoir politique est son caractère propre et aussi l'un de ses principaux avantages sociaux, car c'est précisément cette indépendance qui lui permet d'agir par sa propre vertu. Ce principe contre lequel l'irréflexion ou la mauvaise foi se sont élevées, était au contraire celui qu'il fallait apprécier davantage dans l'intérêt des peuples; car lorsque la Religion est dans la dépendance du Pouvoir, elle n'est qu'une servitude de plus. C'est en planant au-dessus de la société, hors de la sphère des intérêts et des passions, que le Catholicisme est éminemment social, parce qu'il maintient entre les différentes classes cet équilibre qui seul établit et affermit l'ordre public.

Le Pouvoir s'abuserait donc étrangement s'il pensait faire du Catholicisme un instrument purement politique; il s'abuserait s'il voulait ne s'en servir que dans certaines limites, au-delà desquelles il prétendrait arrêter sa marche, en lui présentant des entraves. Non, point d'entraves, point de dures conditions en dehors du droit commun ; point de ces mesures qui contristent la conscience ou qui l'épouvantent. Le Pouvoir veut-il que le Catholicisme lui soit un puissant auxiliaire? qu'il lui rende parmi nous sa dignité en le délivrant du joug pesant de certaines lois qui annoncent la défiance ou qui l'excitent, et qui d'ailleurs ne sont plus dans nos mœurs (1). Ces additions frauduleuses ont été introduites furtivement dans un traité solennel (2), malgré les réclamations de l'une des parties contractantes : c'est à la loyauté de la France de faire oublier la mauvaise foi du Despotisme.

C'est à sa loyauté aussi de respecter les traités; le Concordat a fixé l'état de la Religion en France : qu'il demeure ; n'introduisons pas notre mobilité politique dans le sanctuaire, et, au milieu de nos continuelles transformations, laissons à la Religion la majesté de l'Immutabilité. Cependant maintenir le Concordat, c'est maintenir le budget du culte catholique? et pourquoi non? le budget est une dette ; et pour le prouver, nous n'entrerons pas dans de longs raisonnements ; trois mots suffisent. L'Eglise possédait à des titres aussi lé-

(1) Les articles organiques.

(2) Le concordat de 1801, entre Napoléon et Pie VII.

gitimes que personne, et à ces titres elle joignait une prescription que nul ne pourrait offrir, puisqu'elle remontait aux premiers temps de la monarchie. La nation s'empare de ces biens, en s'engageant à doter le Prêtre et le Culte (1); et le Clergé, confiant en *une nation noble et généreuse* (2), les abandonne avec un admirable désintéressement. Ainsi c'est au moment même où ces biens passaient de l'Eglise dans l'Etat, qu'a été scellé ce contrat qui depuis s'est appelé budget. Le budget est donc une dette et non pas un salaire, et ici nous protestons contre cette expression qui n'est point employée pour les autres services publics; la Légion-d'Honneur a sa *dotation;* nous proposons de dire aussi *dotation nationale du culte* catholique : il ne faut pas mettre la Religion au-dessous de la Gloire.

Le budget étant une dette, et non point un salaire, n'est donc point un indice de servitude pour qui le reçoit, ni un droit de domination pour qui le donne ; ce n'est donc point la question financière qui rattachera le Clergé catholique au Pouvoir. Comment donc le Pouvoir s'appropriera-t-il la vertu du Catholicisme ? Précisément en ne

(1) Voir les discours de M. de Talleyrand du mois d'août 1789.

(2) Expressions de M. De Juigné, archevêque de Paris, à l'Assemblée nationale, en faisant l'abandon des dîmes au nom de tout le Clergé de France.

se l'appropriant point exclusivement, mais en la laissant s'échapper au-dehors sans la circonscrire ou la comprimer. Ne serait-il pas étrange, en effet, que le Catholicisme, à qui nous devons la Liberté, ne fût pas libre! Qu'il obtienne enfin cette Liberté d'association trop long-temps déniée qui lui permettra d'unir les hommes au grand jour pour leur inspirer les vertus religieuses et civiques; assez d'autres s'associeront dans l'ombre pour conspirer contre l'ordre social. Qu'il obtienne cette autre Liberté qui n'est, au reste, que la conséquence des principes posés. Vous avez donné au Catholicisme droit de cité; vous avez donné à ses Ministres les droits du citoyen: donnez-leur le droit de former des citoyens.

Ce fut la pensée de tous les peuples de confier à la Religion l'éducation de la jeunesse; ce fut aussi la pensée de nos ancêtres encore païens, et la jeunesse gauloise se pressait dans les colléges des Druides (1). Le Catholicisme, pour revendiquer les mêmes droits, a des titres qui lui sont particuliers; il lui suffit d'invoquer les traditions de la patrie et de rappeler ses anciens services. C'est le Catholicisme qui a sauvé les lettres au milieu des invasions des Barbares; il leur a donné droit d'asile dans les profondeurs mystérieuses de ses cloîtres, à côté des reliquaires de ses Saints,

(1) César : de Bell. Gall. l. VI. c. 14.—Du Boulay : *Hist. Univers. Paris,* t. 1.

abritant ainsi dans ses monastères la Science et la Foi, tout ce qui régénère et console (1). Ce ne fut pas pour en être avare possesseur, mais pour les communiquer à tous; et en même temps qu'il annonçait la Foi qui sauve, il donnait à la France la science qui civilise.

Ce fut sous les inspirations du Catholicisme et par les conseils du célèbre Alcuin, que Charlemagne fonda l'Université de Paris (2), qui ne fut d'abord qu'une école établie dans la métropole même (3). Ainsi c'était sous le regard du Dieu de toute science (4) que notre jeunesse allait puiser la science. Cependant Charlemagne voulut étendre à la France tout entière le bienfait de l'instruction; il sollicita le concours du Sanctuaire (5), et les monuments qui nous restent nous apprennent qu'il ne lui manqua pas (6). Bientôt ce ne fut plus seulement le vœu d'un grand Prince, ce fut un ordre de l'Eglise qui répandit l'instruction parmi nous. Les Conciles enjoignirent aux Evêques d'établir des écoles (7). Les Cathédrales, les

(1) Sid. Apoll. Carm. XII, v. 104.

(2) Alcuin : Epistol. — Du Boulay : *Hist. univers. Paris*, t. I.

(3) Encyclop. in-fol. t. 17, p. 407.

(4) Prov. XXII, 12.

(5) Legend. *Mœurs des Franç.* p. 95.

(6) Leidradi Epistol. ad Karol. Mag. inter opera Agobardi, (*Baluze*, t. II, p. 127.)

(7) Conc. Cabillonense II, anno 813, Can. III. — Conc. Valentin. II, anno 855, Can. XVIII.

Abbayes, les Monastères devinrent autant d'écoles où les Chanoines et les Religieux dispensaient à de nombreux disciples les trésors de la science divine et humaine (1). Cependant l'Eglise de France voulut que l'instruction descendît jusqu'aux dernières classes et qu'elle atteignît le serf même (2), et les Evêques prescrivirent au Clergé du second ordre d'établir partout des écoles (3); la moindre bourgade eut la sienne (4), et tous purent puiser à une source qui était *gratuitement* ouverte à tous (5). Et ces admirables largesses intellectuelles ne furent pas le simple mouvement d'un transport généreux; ce ne fut pas de la part du Clergé catholique la démonstration de ce zèle enthousiaste qui naît et meurt presque aussitôt. Pendant de longs siècles le Catholicisme a présidé en France à l'instruction et à l'éducation des grands et du peuple; il pourrait donc aujourd'hui revendiquer son droit, il pourrait se montrer exclusif, il pourrait demander qu'on lui rendît ces palais de la science qu'il a élevés et qui redisent encore son nom. Il demande moins; il demande seulement la liberté dans l'Enseigne-

(1) Encore aujourd'hui, dans quelques chapitres, un des chanoines se nomme *Ecolâtre*, comme vestige de l'ancienne tradition.

(2) Servilis conditionis infantes. Conc. gall. t. II, p. 151.

(3) Capitula Herardi archiep. Turon. c. 17. — Constitutio Riculfi, apud Labb. t. IX, col. 421.

(4) Capitula Theodulfi Episcopi aurel. Cap. 20.

(5) Nihil pretii ab eis (pueris) pro hâc exigant. Capitul. Theodulfi, Can. XX.

ment; et il l'obtiendra, car si la France veut avoir un avenir, il faut qu'elle rattache le présent au passé. Et en quoi d'ailleurs le passé du Catholicisme, au point de vue de l'enseignement national, exciterait-il les défiances? N'est-ce pas le Catholicisme qui a formé les grands hommes dont s'honore la France? Faudrait-il donc autre chose aujourd'hui pour former le citoyen? Le Catholicisme inspirait naguère à la jeunesse française, l'amour des vertus et des croyances, l'émulation du talent, le noble et généreux dévouement à la patrie; et voilà ce qu'il lui inspirerait encore. Dieu et la patrie résument tout son enseignement.

Que le Catholicisme donc soit libre, et autour de sa liberté viendront se grouper les libertés de la France, car les destinées de la France sont inséparablement unies au Catholicisme, et elle ne périra que lorsqu'elle aura laissé dépérir le Catholicisme au milieu d'elle; la ruine de ses croyances précédera la ruine de ses institutions, et elle ne cessera d'être une nation civilisée que lorsqu'elle aura cessé d'être une nation chrétienne. L'histoire donne la triste démonstration de cette vérité. Où sont les peuples qui ont repoussé la Croix? Ils ont eux-mêmes disparu de la face du monde. Mais nul ne périt à l'ombre de la Croix : aussi au milieu de nos discordes civiles et de nos commotions sociales, le Catholicisme sera-t-il toujours pour nous la Religion de l'espérance.

TABLE.

PARIS. — IMPRIMERIE D'ADRIEN LE CLERE ET Cie,
RUE CASSETTE, N° 29.

www.ingramcontent.com/pod-product-compliance
Ingram Content Group UK Ltd.
Pitfield, Milton Keynes, MK11 3LW, UK
UKHW021005200726
13857UKWH00004B/1286